BUDISMO, LA ESENCIA DE ORIENTE

BUDISMO, LA ESENCIA DE ORIENTE

Erica Rueda e Igor Zabaleta

EDIMAT Libros
www.edimat.es

ISBN: 84-9764-679-7
Depósito legal: M-19631-2005

Colección: Religiones y cultos
Título: Budismo, la Esencia de Oriente
Autores: Erica Rueda e Igor Zabaleta
Diseño de cubierta: El Ojo del Huracán
Impreso en: Cofás, S. A.

IMPRESO EN ESPAÑA – *PRINTED IN SPAIN*

ÍNDICE

INTRODUCCIÓN 9

EL BUDA TRADICIONAL: HISTORIA Y LEYENDA 13
Nacimiento y crecimiento de Buda 14
La gran renuncia 16
La palabra de Buda 20
La muerte de Buda 23
Una figura fascinante 24
El budismo sin Buda 26
Conversos por todo el mundo 28
El budismo en la actualidad 30

FILOSOFÍA BUDISTA, ACERCÁNDONOS AL BUDISMO .. 33
¿Existe la fe? 34
La vida es sueño 36
La relatividad del mundo 37
¿Existimos? 40
La iluminación 42
Ateísmo y budismo 45
¿Cómo se puede ser budista? 48

LA REENCARNACIÓN UNA CUESTIÓN CLAVE 51
Reencarnaciones occidentales 52
Otras creencias 56
Almas orientales 57
El karma 58
Samsara 60
El nirvana 62
El suicidio en el budismo 64

LOS MANDAMIENTOS BUDISTAS 67

   Mandamientos laicos 70

   No matar seres sintientes 71

   No robar 74

   No mentir deliberadamente 75

   No ingerir sustancias intoxicantes 76

   No llevar una vida sexual incorrecta 79

EL CAMINO DE BUDA 83

   El camino medio 84

   Primera Noble Verdad: el sufrimiento existe 85

   Segunda Noble Verdad: la causa del sufrimiento es el
      apego al deseo 88

   Tercera Noble Verdad: el sufrimiento cesa con la
      aniquilación del deseo 90

   Cuarta Noble Verdad: el cese de las emociones se
      consigue con el Óctuple Sendero 92

PRECEPTOS Y CELEBRACIONES 95

   La oración en el budismo 96

   El culto a Buda 98

   Celebraciones budistas 99

      El Día del Wesak 100

      Días del Uposatha 101

      Asalha 102

   Funerales budistas 102

LAS RAMAS DEL BUDISMO 105

   Las ramas más importantes 108

      El budismo hinayana 108

      El budismo mahayana 110

      El budismo vajrayana 111

      El budismo zen 112

      El lamaísmo 114

      El budismo tendai 115

      El budismo theravada 116

TÉCNICAS Y EJERCICIOS PRÁCTICOS. APRENDIENDO
  A MEDITAR 119
  Ejercicios de respiración 121
  El yoga 122
  Las posturas para meditar 123
  Posturas básicas 124
    El sastre 125
    El loto y medio loto 126
  Otras posturas relevantes 127
    La montaña 127
    El perro 127
    El triángulo 128
    El arado 128
  Flexiones básicas 128
  Ejercicios de relajación 129
    Postura del muerto 129
  Posturas alternativas 130
  Relajación y estiramiento 132
  Posturas cómodas sentados 132
    Meditando en una silla 132
    Hincados usando un cojín o banquito 133
  Conciencia del cuerpo y relajación 134
  La meditación budista mediante el zen 135
  La iluminación definitiva mediante el tantra 136
  Las cuatro clases de tantra 138
  La meditación trascendental 140
  El camino hacia la liberación: la técnica vipassana 141
  Un largo y provechoso camino 142
  La metta bhavana: el desarrollo del amor y la bondad
    mediante la meditación 144
  Ejercicio de atención a las emociones 144
  Los cinco estadios 145

EL BUDISMO EN COMPARACIÓN CON EL RESTO DE
  RELIGIONES 149
  Sin un origen concreto 150
  Sin dioses latentes 154
  Sin pecados 156
  Defendiendo la tolerancia 159
  Comparativa con el judaísmo 162

Comparativa con el cristianismo 164
Comparativa con el Islam 167
Comparativa con el hinduismo 169
Comparativa con el taoísmo 172

CIUDADES Y LUGARES SAGRADOS DEL BUDISMO 177
La devoción budista 180
El peregrinaje 181
Lumbini 182
Bodh Gaya 185
Conjunto del templo Mahabodhi 186
Sarnath 187
Kusinagara 188
Otras ciudades y lugares sagrados 189
Varanasi 191

INTRODUCCIÓN

Cuando se aborda la trayectoria vital de un personaje histórico cuyas ideas han llegado hasta nuestro tiempo, uno no puede por menos que preguntarse: ¿puede un solo hombre cambiar la historia de su tiempo y de las generaciones futuras? En el caso de Buda, la respuesta es inequívoca: sí. Las ideas de este príncipe que se hizo mendigo han llegado hasta nuestros tiempos. No han influido únicamente en las filosofías orientales, sino que se han colado en el pensamiento occidental abriendo caminos que hasta hace unos siglos eran impensables para el crecimiento personal.

En la actualidad, milenios después de su paso por la Tierra, la filosofía de Buda sigue totalmente vigente. La libertad que confiere a sus seguidores permite que se pueda practicar en cualquier época e independientemente del tipo de vida que se lleve. Para comprender verdaderamente el budismo no es necesario retirarse a un monasterio alejado del mundanal ruido. Es cierto que ése es el camino ideal, pero la flexibilidad de esta religión permite que se puedan alcanzar sus beneficios desde diferentes caminos. Y el camino es tan amplio que puede encontrarse, incluso, con el modo de vida estresado que nos ha tocado vivir.

Éste es un punto muy importante, pues muchos creen que el budismo es sinónimo de encerrarse en un monasterio y renunciar a la vida material y por ello ni siquiera se acercan a las enseñanzas que emanan de esta fe. Lo cierto es que el budismo más que una religión es una forma de vida abierta que busca el bienestar de sus seguidores y que permite que se compagine con cualquier opción vital.

El budismo supuso una revolución en su tiempo, pero ese carácter innovador sigue vigente siglos después. A diferencia del resto de pensamientos y religiones, el budismo marca un ideal, pero no impone una forma de llegar hasta él. Por ello, cada uno encuentra su camino para alcanzar el bienestar, la ausencia de sufrimiento, un estadio de conocimiento superior que nos permite ser conscientes del mundo que nos rodea.

A la sazón, se ha de tener en cuenta que el budismo es la única religión en el mundo por la que no se ha derramado una gota de sangre. Su rechazo al asesinato y a la imposición de las ideas es total. Por ello, no ha habido una sola guerra que se haya llevado a cabo en nombre de Buda, un detalle importantísimo que casi ninguna otra religión puede vanagloriarse de haber cumplido.

Es cierto que el budismo ha sido implacablemente perseguido, sobre todo en Oriente. Pero sus seguidores han aceptado esos ataques sin responder nunca a ellos, sin propiciar enfrentamientos o derramamientos de sangre. Y pese a todo, sus perseguidores no han conseguido nunca aniquilar la pureza de esta religión. Más bien al contrario, las muertes de monjes budistas han servido para que muchos comprendieran lo elevado de los ideales que defendían.

La relación entre el budismo y Occidente siempre se ha basado en el exotismo y la fascinación. En un principio, las teorías budistas parecían un capricho de un pueblo que poco tenía que ver con Occidente. Sin embargo, durante la época colonial, los países occidentales empezaron a conocer en profundidad los principios de esta religión y a partir de ese momento, se sintieron fascinados por los mismos.

La filosofía alemana del siglo XX bebió de las fuentes de inspiración budistas. Muchos de sus conceptos dejaron de tener un área mística para convertirse en una forma de entender el mundo y nuestro papel en él. Una vez abierta esta corriente de flujo de ideas, ha sido más fácil acceder a esta religión.

Durante la segunda mitad del siglo XX, con la globalización, la facilidad para viajar y la difusión masiva de los medios de comunicación, se ha podido saber mucho más de esta religión milenaria. El conocimiento que tenemos ahora del budismo es mucho mayor del que tuvieron nuestros padres o abuelos.

De todas formas, este fenómeno ha conllevado también una «perversión» de algunos de los valores budistas. Para llegar a Occidente, el budismo se ha simplificado. Durante los años noventa se convirtió en poco más que una moda. Muchos actores norteamericanos militaron en las filas del budismo y ello lo convirtió en algo un poco frívolo. Pese a todo, ello ha servido para que el budismo calara, poco a poco, en el pensamiento occidental, lo que ha sido a todas luces positivo.

En la actualidad, estamos en un proceso de profundización. Las primeras teorías han llegado y han provocado que sean muchos los que tras ese contacto quieran saber más. Muchos son, por ejemplo, los psicólogos que ya incluyen algunas técnicas de meditación budistas para tratar a sus pacientes.

El budismo nos brinda un sinfín de herramientas para el crecimiento interior, para encontrar el camino hacia la felicidad y para rehuir el estrés que acecha a los habitantes de las grandes urbes. Por tanto, se puede convertir en la medicina espiritual de Occidente. No se trata de renunciar a las religiones propias, sino de ir más allá, de incorporar la sabiduría que nos ofrece en el día a día.

Por todo ello, este libro pretende acercarnos un poco más esta religión pacífica, introspectiva y libre. A través de su historia, de sus preceptos, de sus técnicas, el lector podrá hacerse una idea de cómo es este credo que tanto bien ha hecho a tanta gente. También podrá comprender su importancia y sus puntos comunes y divergencias con otros cultos. Y por último, si ésa es su elección, podrá aplicar algunas de sus técnicas a su día a día.

Este libro que el lector tiene entre sus manos pretende, por tanto, analizar el budismo desde su perspectiva histórica y desde su vertiente mística. No es necesario ser un entendido en la materia para poder comprender su significado. Nos acercaremos a esta religión de una forma llana, que no simple. Abordaremos la complejidad de este culto con sencillez y rigurosidad. El budismo fue la primera religión creada para ricos y para pobres, para instruidos y para ignorantes, para hombres y para mujeres. Tal vez por ello, ha perdurado a través de los siglos y en la actualidad mantiene intacta su fuerza y la fascinación que provoca en todos los que se acercan a ella.

EL BUDA TRADICIONAL:
HISTORIA Y LEYENDA

Al aproximarnos a la figura de Buda, nos encontramos con varios problemas. Buda no dejó ningún escrito, por lo que todos los documentos son posteriores a su muerte, en muchos casos datan de siglos después de su fallecimiento. Por lo tanto, esta documentación no cuenta con una rigurosidad histórica que nos permita crear un retrato completamente veraz de su paso por la Tierra.

A esta dificultad le hemos de sumar que muchos de estos escritos no coinciden. El budismo se extendió por diferentes áreas de Asia y en muchos de estos lugares se fusionó con sus antiguas creencias. Por ello, existen diferentes versiones de la misma historia que originaron las diferentes ramas que tiene en la actualidad esta religión.

El problema principal al abordar la historia de Buda lo encontramos en el baile de fechas. Toda la documentación existente coincide en que Buda vivió ochenta años, pero a la hora de situar este período se aprecian notables discrepancias. Las fechas de la muerte del fundador del budismo oscilan entre los años 543 a.C., 273 a.C. y 263 a.C., depende de la fuente que consultemos.

También nos encontramos con el *handicap* de los escritos en los que se mezclan sus anteriores vidas. Se supone que Buda es la última reencarnación, pero su espíritu tenía un dilatado bagaje vital. Por ello, muchas ramas hablan de esas otras vidas mezclándolas con la última, de forma que en muchos casos resulta ciertamente difícil separar unas de otras. Con esta forma de explicar la historia se consigue que los seguidores comprendan mejor la esencia de la religión, pero se dificulta la labor de los historiadores.

Éste es un punto importante a tener en cuenta. La mezcolanza entre leyenda y realidad es un valor que sirve para comprender mejor la religión. De hecho, desde el punto de vista oriental, la tradición y la leyenda son mucho más importantes que los hechos y las palabras. Por ello, cuando Occidente se acerca a esta religión, intenta imponerle su concepto histórico, que difiere mucho del oriental. Ello hace que sea muy difícil reconstruir verazmente su historia.

Todos los historiadores, pese a no ponerse de acuerdo con las fechas exactas, están seguros de la existencia de Buda. Además de los documentos sagrados budistas se han encontrado algunas crónicas históricas que así permiten afirmarlo.

De todos modos, existen hechos que coinciden en todas las tradiciones budistas y que son los que intentaremos relatar en este capítulo. Los textos en los que se han basado los autores son los *vinaya*, los *sutta-pitala* y el *buddhacarita* de Asvaghosa, que son las escrituras consensuadas por casi todos los estudiosos del budismo.

NACIMIENTO Y CRECIMIENTO DE BUDA

Sidarta Gotama nació en el seno de una familia acomodada. Su padre fue Sudodana, gobernante del reino de los sakyas (situado en el actual Nepal) y su madre la reina Maya. Después de su iluminación, Sidarta fue conocido también como Sakyamuni (sabio de los sakyas).

Poco antes de nacer, su madre tuvo un sueño revelador: un hermosísimo elefante blanco introducía su trompa en su matriz. Le explicó el sueño a los brahmanes de la corte, que empezaron a imaginar que el recién nacido no era tan sólo el hijo de un poderoso gobernante. Cuando Maya dio a luz, los monjes inspeccionaron al bebé y llegaron a la conclusión que sería una gran figura dentro de la religión. Algunas leyendas cuentan que cuando Buda nació ya tenía 40 dientes y sus primeras palabras fueron: «soy el señor del mundo». También se explica que nació sabiendo 74 alfabetos diferentes. Otras tradiciones explican que tenía ciertas señales en el cuerpo que indicaban que sería el esperado Buda.

Maya murió pocas semanas después del alumbramiento y su padre no vio con buenos ojos aquellas predicciones. Él esperaba que su hijo fuera un glorioso gobernante para su pueblo y no quería que la religión le apartara del camino que había trazado para él. Por ello, lo rodeó de todos los lujos y no permitió que nunca saliera del palacio ni tuviera ningún contacto con el sufrimiento.

Sidarta se crió con su padre y su madrastra en un ambiente cortesano en el que se le concedieron todos los caprichos que anheló. De todos modos, su progenitor no consiguió apartar de él las aspiraciones místicas. De hecho, tal y como constató Buda en un discurso, su primer trance le llegó en la infancia, mientras meditaba.

Siguiendo las costumbres de la época y para no contradecir a su padre, Sidarta se casó a los dieciséis años con su prima, la bella princesa Yasodara. Pocos datos se tienen sobre la convivencia del joven matrimonio. Todo parece indicar que Yasodara estaba tremendamente enamorada de Sidarta, pero sentía que la desazón de su marido le impedía ser feliz. De todos modos, en aquella época, participaban activamente en los festejos palaciegos y se les veía felices. Yasodara se quedó

En algunas tradiciones se cree que la madre de Buda era virgen y por tanto el nacimiento de Buda fue un verdadero milagro que predecía su futuro espiritual. Maya también recibe el nombre de «Reina de los Cielos» en algunas escrituras sagradas del budismo. Muchos comparan su papel al de la Virgen María dentro del cristianismo.

embarazada y Sidarta decidió que el niño se llamaría Rahula (que significa vínculo).

Algunos creen que llamar «vínculo» a su hijo fue una forma desesperada de intentar que la paternidad sirviera para ahuyentar sus dudas y de conseguir que se integrara completamente en la vida familiar. Otros, en cambio, creen justamente lo contrario: que su hijo fue el último vínculo, la última responsabilidad que debía cumplir antes de ser libre.

LA GRAN RENUNCIA

Un día, caminando por sus posesiones, Sidarta rebasó el límite del mundo artificial que su padre había construido para que no conociera el dolor. Fuera del palacio Sidarta se encontró a un anciano, un enfermo y un cadáver. En aquel entonces el príncipe tenía veintinueve años y la visión fue aterradora.

Si normalmente el sufrimiento provoca dolor, se ha de multiplicar por mil la sensación que experimentó Sidarta. Él no conocía lo que significaba sufrir, envejecer, estar enfermo... Y cuando lo descubrió, los planes de su padre se volvieron en su contra. La herida fue tan profunda que trastocó completamente su vida. Se dio cuenta de que hasta aquel momento había vivido una mentira, que le habían dibujado un mundo a su medida que no se correspondía con la realidad.

La leyenda explica cómo tuvieron lugar esos encuentros que tanto afectaron a Sidarta. Es lo que se ha llamado: «La leyenda de los Cuatro Encuentros». Según se explica, el príncipe iba acompañado de su escudero Xana. Primero encontró a un viejo que apenas podía caminar apoyado en un bastón y le preguntó a Xana qué era aquello. «Es la vida, mi señor», le contestó el fiel sirviente. En las dos salidas sucesivas presenció un entierro y se topó con un hombre enfermo. En el cuarto y último paseo vio a un monje asceta y se quedó conmovido por su capacidad de sacrificio.

Tras aquel choque, nada volvió a ser lo mismo en la vida del príncipe. No podía seguir viviendo en su jaula de cristal sabiendo que el mundo era algo muy diferente. Por ello llevó a cabo la Gran Renuncia. Este hecho ha dado origen a una de las festividades budistas más importantes de su calendario. Sidarta renunció a todo: su familia, sus riquezas, sus amigos. Abandonó el palacio en el que había pasado toda su existencia y se dedicó a vagar como un mendigo en busca de una revelación que le permitiera erradicar el sufrimiento del mundo. Besó a su mujer y a su hijo mientras estos dormían después de las celebraciones por el nacimiento de su heredero y se marchó.

Un cochero lo condujo fuera de palacio, allí se cortó el pelo con una espada, cambió sus vestiduras por las de un mendigo al que también le regaló sus zapatos. Y así fue al encuentro del asceta que se había encontrado en su anterior salida de palacio.

Practicó el ascetismo y la mendicidad. Vagabundeó por el norte de la India donde convivió con los principales maestros brahmanes de la época. Aprendió de ellos todas las enseñanzas que le procuraron, pero pronto le fueron insuficientes. No encontraba la Verdad, aquel ideal que le había llevado a abandonar su vida de lujos.

Continuó infatigable su búsqueda hasta que se estableció en Uruvela (cerca de la actual Gaya). Hasta allí le siguieron cinco discípulos. Uno de ellos era uno de los brahmanes que al nacer había vaticinado su futuro. El grupo practicaba un ascetismo severo. Se cuenta que Buda estaba prácticamente en los huesos. Sus costillas estaban apenas recubiertas por un poco de carne y en muchas ocasiones ni siquiera se tenía en pie.

Sidarta y sus seguidores pensaban que el camino de la privación les permitiría llegar a la gran revelación que ansiaban encontrar. Así pasaron casi seis años, pero no sirvió de nada. La Verdad no llegaba. La meditación le llevaba a estados elevados de conciencia pero no le daba la clave que quería encontrar.

El antiguo príncipe estaba desesperado. Un día, paseando, una campesina le ofreció, al ver su lamentable estado, unas gotas de leche. En aquel momento, Buda comprendió que la privación no servía para su objetivo y aceptó aquel manjar, que era el primero que tomaba en mucho tiempo. Con aquella fuente de energía pudo volver a pensar con claridad.

Tenía por aquel entonces treinta y cinco años y decidió sentarse bajo un árbol y no moverse de ahí hasta que tuviera una iluminación. El árbol es conocido como *Boddhi* o árbol de la sabiduría y se encontraba a las orillas del río Neranjara en Buda Gaya (actual Bihar).

Allí pasó Sidarta muchos días y muchas noches. Sin moverse, meditando, esperando la pieza que le faltaba para comprender su misión en la Tierra. Durante ese tiempo fue atacado por los ejércitos de Mara, señor de la ilusión, que pretendía apartarle de su concentración. Pero, finalmente, al ver que era imposible romper con la meditación que había iniciado, se retiraron vencidos.

Durante ese tiempo, Buda tuvo acceso a sus vidas anteriores y al ojo divino, capaz de seguir la reencarnación de todos los seres. Pero la revelación más importante fue la de las Cuatro Nobles Verdades: toda existencia es sufrimiento, todo sufrimiento es causa de ignorancia y apego, se puede

---

Además del enfrentamiento con la vejez, la enfermedad y la muerte, algunas leyendas explican que el príncipe tuvo la visión de diez budas que le recordaron que en su vida anterior se había comprometido a alcanzar el estado de Buda para liberar a todos aquéllos que estaban atrapados en el sufrimiento. Sidarta recordó su antigua promesa y le anunció a su padre su marcha. Éste se negó y entonces el príncipe le dijo que sólo se quedaría si podía erradicar el sufrimiento del mundo. Su padre se vio incapaz de asumir ese compromiso y no tuvo más remedio que permitir que su hijo se fuera del palacio. En otros libros se explica que el rey rodeó a su hijo de bailarinas y de bellas mujeres para intentar retenerle, pero no sirvió de nada.

vencer el sufrimiento a través del Óctuple Noble Sendero, que se basa en la moralidad, la concentración y la sabiduría.

Al recibir estas revelaciones, Sidarta experimentó la gran revelación. Por ello se convirtió en Buda (que significa despierto o iluminado). Se libró del círculo de reencarnaciones y adquirió una sensibilidad sobrehumana.

Tras esto, se le planteó un dilema: ¿Qué hacer con esa información privilegiada que le había cambiado completamente? Cuenta la leyenda que los dioses le rogaron que no se quedara para sí aquella experiencia, sino que la compartiera con el resto de los hombres. Debía mostrarles el camino que él había encontrado.

Por ello Buda fue al encuentro de sus cinco discípulos ascetas, que le esperaban en el Parque de las Gacelas, en Isipatana (la actual Sarnath). Sus seguidores no querían escucharle porque había aceptado unas gotas de leche y aquello traicionaba los férreos principios del ascetismo que se había impuesto aquella comunidad. Sin embargo, el aplomo de Buda fue tal que no les quedó más remedio que transigir y escuchar su palabra.

Se reunieron de nuevo en Benarés, donde Buda dio su primer discurso. Ése primer sermón es mítico para los budistas. En él reveló las Cuatro Nobles Verdades. Para muchos estudiosos de las religiones es comparable con el sermón de la montaña de Jesucristo.

Los cinco ascetas, fascinados por las revelaciones que habían oído, se ordenaron inmediatamente monjes. Ése fue el inicio de la *sangha*, la comunidad monástica budista. Buda acababa de sentar las bases de una de las religiones que más años perduraría. Según Edward Conze, un reconocido estudioso del budismo:

«*La comunidad budista es la institución más antigua de la humanidad. Ha sobrevivido más tiempo que ninguna otra institución, con excepción de la secta afín de los jainos. Allí están los grandes y orgullosos imperios de la historia, guardados por legiones de soldados, naves y magistrados. Apenas alguno de ellos duró más de unos tres siglos. Y allí tenemos un movimiento de mendigos voluntarios, que siempre apreciaron más la pobreza que la riqueza; que habían jurado no hacer daño ni matar a otros seres; que pasaban el tiempo soñando maravillosos sueños, inventando hermosas Tierras de Nunca Jamás; que despreciaban todo lo que el mundo valorara; que valoraban todo lo que el mundo despreciara; la mansedumbre, la generosidad, la contemplación ociosa. Y sin embargo, mientras que esos poderosos imperios, construidos sobre la codicia, el odio y el engaño, duraron sólo unos cuantos siglos, el impulso de autonegación llevó a la comunidad budista a través de 2.500 años».*

LA PALABRA DE BUDA

Pero no adelantemos acontecimientos. Nos habíamos quedado con Buda y sus discípulos en Benarés. Una vez han asimilado la revelación de su maestro, deben llevar su palabra a todos los rincones del mundo. Los dioses le han encargado esa misión a Buda: debe mostrar el camino que permite soslayar el sufrimiento de la vida.

Buda fue el primer líder espiritual que decidió no hacer distinciones entre sus seguidores. Muchas de las religiones contemporáneas sólo permitían el ingreso en sus monasterios de hombres ricos, que cedían sus fortunas. Otros querían que sólo accedieran a la vida monástica aquéllos que tenían cierta formación y que por tanto podían hacer aportaciones interesantes a su credo.

Sin embargo, Buda no siguió ninguna de estas normas. Él creía que cualquiera, rico o pobre, culto o analfabeto, podía acceder a la salvación. Este hecho fue una auténtica revolución en aquel momento, puesto que

*La leyenda nos cuenta que Buda fue un príncipe que recurrió a la mendici-
dad con el fin de alcanzar la verdad absoluta. Tras un largo retiro alcanzó
la iluminación.*

atentaba directamente contra el sistema de castas de la India. Por si fuera poco, Buda fue el primero en aceptar mujeres y crear una orden de monjas. Aquello era totalmente impensable en aquella época. Se consideraba que las mujeres carecían de espiritualidad. De hecho, en el 584 d.C. la Iglesia Católica todavía debatía si las mujeres eran humanas o no (ganaron ese calificativo tan sólo por un voto). Por ello, el budismo resultaba tan revolucionario y por ello, seguramente, sigue teniendo vigencia actualmente.

Algunos cronistas que han dejado testimonio escrito de Buda explican que oírle hablar era algo parecido a una experiencia mística. No era sólo lo que decía, si no el conocimiento que infundía a los que le escuchaban. También se le atribuyen milagros: sanación de enfermos, creación de alimentos... Pero eso aparece únicamente en algunos libros y no ha sido consensuado por la comunidad budista.

Acompañado por sus seguidores, Buda viajó por el valle del Ganges enseñando su doctrina a todo aquel que quisiera oírla, sin imponer ninguna restricción. A lo largo de su periplo fue creando diferentes comunidades monásticas.

Durante ese peregrinaje, volvió de nuevo a su hogar natal. Allí se encontró con su padre y su mujer. Los convirtió a su religión, así como a varios miembros de la corte. De esa forma les procuró a los que tanto habían amado el remedio que si bien les había apartado serviría para que encontraran su camino. Una vez entendieron la nueva religión y la misión de Buda, sus parientes dejaron de padecer y se reconfortaron con sus creencias.

En su periplo, Buda topó con un rico seguidor que pagó la construcción de un monasterio en Savatthi, que se convirtió en su residencia habitual (cuando no peregrinaba) y en el centro donde pudo perfeccionar sus enseñanzas. También fue la base desde donde difundió su palabra. Otros monasterios se construyeron en las diferentes comunidades que rodeaban el Ganges.

La nueva creencia contó también con detractores que intentaron atacar a los mojes budistas. El más célebre fue Devadatta, miembro de los jainistas y primo de Buda. Había sido discípulo suyo y quería quedarse con el liderazgo de los budistas cuando su fundador falleciera. Cuando vio que esto no era posible, intentó asesinar a Buda, pero no lo consiguió. Lo que sí propició fue un cisma que duró pocos años.

LA MUERTE DE BUDA

El maestro murió a los ochenta años de edad. Se encontraba en Kusinagara, en Nepal, y la causa de la muerte fue la ingestión de unos alimentos en mal estado. Ello le provocó una disentería que acabó con su periplo por la Tierra. Él mismo había descrito su muerte y sabía, por tanto, que su hora había llegado.

Según varios escritos posteriores, sus últimas palabras fueron: «Todas las cosas condicionadas son transitorias. Tratad de cumplir vuestra tarea con diligencia». Así dejaba claro que cada uno debía encontrar su camino de salvación sin aferrarse a los bienes materiales ni a los sentimientos que desembocaban en el dolor.

En su lecho de muerte sus discípulos intentaron de nuevo lo que llevaban tiempo sin lograr: que su maestro les dejara unas premisas claras de cómo organizarse tras su muerte. Pero así como Buda se negó a escribir ni una sola línea sobre su doctrina, tampoco quiso dejar reglas que ordenasen el funcionamiento de la comunidad que

Existen crónicas sobre la muerte de Buda. Muchas son consideradas más literarias que históricas. En ellas se explica que todos sus seguidores e incluso los animales lloraban al ver que Buda moría. Muchos están en contra de este retrato de la muerte del líder espiritual puesto que sus prédicas explicaban que la muerte es el paso a un nuevo estadio.

había creado. En vida siempre insistió que cada cual tenía que encontrar su propio camino y que los maestros sólo servían para ayudar a encontrar el itinerario, nunca para marcarlo.

A su muerte, el cuerpo de Buda fue incinerado y sus reliquias se repartieron entre sus más fieles discípulos. Posteriormente, éstas fueron enterradas en ocho *estupas*, es decir, monumentos funerarios.

A partir de la muerte de Buda se inicia la consolidación de su doctrina. Muchos son los profetas que han surgido a lo largo de la historia, pero muy pocos los que han conseguido que sus creencias sobrevivieran a su muerte. Buda se encuentra entre ellos: fundó desde la humildad una de las grandes religiones que ha llegado hasta nuestros días.

UNA FIGURA FASCINANTE

Buda es sin lugar a dudas una de las personalidades más atrayentes de la antigüedad. Desde las diferentes religiones siempre se ha respetado su figura e, incluso, pese a las divergencias de credo, ha sido admirado.

La historia de Buda demuestra todas las dudas existenciales que en algún momento nos atenazan. El joven príncipe podría haber llevado a cabo una vida llena de lujos y comodidades. Sin embargo, aquello que en principio debía llenarle no hacía más que vaciarle internamente. Su reacción deja fuera de juego cualquier motivación egoísta. No pretende encontrar un camino para él, sino para toda la humanidad.

Buda es, además, un líder espiritual pacífico. Pese a las amenazas que recibe e, incluso, intentos de asesinato, se mantiene firme en sus convicciones: no hace nada para repeler los ataques con más violencia. Ésta es una característica que encontramos en otros líderes espirituales, como

Jesucristo. Sin embargo, muchas guerras se desataron después en su nombre. En cambio, Buda consiguió que su ideal pacífico calara tan fuerte en sus seguidores que nadie osara jamás empuñar un arma por su culpa.

Y es que el budismo promueve un sentimiento de distanciamiento hacia los asuntos terrenales que permite al hombre vivir en paz con sus semejantes, sin necesidad de recurrir a la violencia. No se trata de que ésta sea pecado y le condene a uno al infierno, simplemente estos actos jugarán en contra de uno mismo y acabarán proporcionándole más dolor que el que ha inflingido. No es en ningún caso una amenaza sino una forma de vivir que se integra en el pensamiento de sus seguidores.

Pese a que después se dieron normas, Buda no quiso fijarlas él mismo. El camino del budismo es largo y cada cuál debe decidir cómo recorrerlo. Por ello, el budismo deja abiertos muchos campos, deja muchas preguntas sin contestar. Cada uno tendrá que encontrar la solución que mejor le parezca. Y no hay fórmulas magistrales, lo que le funciona a uno puede no ser recomendable para otro. De esta forma nos encontramos ante una religión con una base muy libre.

A todos sus méritos hemos de sumarle su concepto democrático de la religión, que atentaba, directamente, contra el sistema de castas del hinduismo. En su seno admite a todo aquel que quiera iniciar el largo camino hacia la búsqueda de la iluminación. No hace distinciones de ningún tipo, por lo que el budismo es una religión que difícilmente puede ser asimilada a una nación, a una raza, a una clase social o a un género sexual. De esta forma su mensaje puede llegar a todos aquellos que busquen consuelo a su desazón existencial.

Buda creó una religión que difícilmente puede ser manipulada por el gobierno de ningún país y de ninguna época. Pese a que ha habido algunos intentos, lo cierto es que resulta extremadamente difícil convertir el budismo en un instrumento de poder. Para empezar, se basa en la meditación individual, por lo que no hay rituales en los que se consiga dirigir la opinión de un grupo de personas.

———————◆———————

Los estudiosos de las religiones destacan que Buda es un personaje atípico dentro de la materia que analizan. La característica más curiosa es que no tiene un origen divino. Es un humano, como cualquiera de nosotros, que nos marca un ejemplo a seguir. Su estado de Buda lo alcanzó no gracias a sus poderes sobrenaturales, sino a su empeño por conseguirlo.

Buda dejó una huella imborrable en todos aquellos que conocieron la pureza de sus razonamientos. Y también en los que muchos años después recibieron su sabiduría y se sintieron atraídos por ella. Su protagonismo se ha ido diluyendo y de su magnífica personalidad poco nos ha llegado. Seguramente, ése era su plan. Desde su humildad consiguió que su palabra fuera más conocida que su persona.

EL BUDISMO SIN BUDA

Tras la muerte del maestro, sus seguidores se encontraron huérfanos en el sentido más amplio de la palabra. Buda, en vida, no quiso designar a ningún sucesor que pudiera llevar el liderazgo de la religión que había creado. Les rogó a sus adeptos que buscaran su propio camino y concibió el budismo como una búsqueda personal que duraba toda la vida.

Además, no quiso dejar ningún escrito y confió en la tradición oral para que se difundieran sus enseñanzas. Muchos creen que no quiso escribir nada para que su credo no pasara sólo a las clases ilustradas, que son las que podían leer.

Lo cierto es que el gran auge de la religión budista impuso nuevas necesidades. Una comunidad pequeña se podía gestionar con las indicaciones de Sidarta, pero la fe budista se esparcía como una mancha de aceite y resultaba muy difícil responder a las necesidades de la comunidad sin una jerarquía y sin ningún escrito que guiase a sus seguidores.

Por ello, los monjes budistas recurrieron a reuniones en las que pudieran al menos consensuar la doctrina y las prácticas religiosas que se derivaban de las prédicas de Buda. Históricamente, hay cuatro Consejos Superiores que marcaron la definición del budismo.

El primer Consejo Superior tuvo lugar justo después de la muerte de Buda y tuvo lugar en la actual Rajgir. El objetivo de este encuentro era recitar las enseñanzas de Buda para unificarlas y crear una disciplina monástica que pudieran adoptar todos los centros.

Un siglo después, en Vaisali, hubo otro Consejo Superior. Con el tiempo, las costumbres de los monasterios se habían relajado y algunos habían adoptado algunas prácticas que parecían ir en contra del budismo. Por ejemplo: se empleaban monedas y los monjes podían beber vino de palma. En este congreso se prohibieron terminantemente este tipo de prácticas. Aquí se produjo una de las escisiones más importantes. Varias ramas se separaron e iniciaron caminos separados.

El tercer Consejo Superior fue el más importante en la historia del budismo. Fue convocado por el rey Asoka en el siglo III a.C. El budismo contaba entonces con el amparo del rey. Ello había provocado que muchos se apuntaran a sus filas para conseguir los beneficios reales. Estos «falsos monjes» tenían ideas que muy poco tenían que ver con el auténtico budismo. En esta reunión fueron expulsados de la orden. Se volvieron a ratificar las órdenes de vida monástica que se habían trazado en el primer Consejo Superior. También sirvió para que se recopilaran los textos que serían el esqueleto del

> La época dorada del budismo llegó con el rey Asoka. Hasta aquel momento, el budismo era un culto bastante minoritario. En este período es cuando se inician los principales estudios que son lo que siguen teniendo vigencia en la actualidad.

budismo. Por último, se nombró a varios misioneros cuya misión sería ir por el mundo explicando la fe budista.

El siguiente Consejo tuvo lugar alrededor del año 100. Existen muchas lagunas que impiden conocer datos concretos sobre el mismo. Para empezar, por ejemplo, no se sabe si tuvo lugar en Jaladhar o en Cachemira. En él debían participar las dos vertientes del budismo y buscar la reconciliación de ambas. Pero el objetivo no se logró. Los budistas therava se negaron a reconocer la legitimidad de la reunión.

CONVERSOS POR TODO EL MUNDO

El rey Asoka fue uno de los grandes embajadores del budismo y, seguramente, el que posibilitó que este credo llegara a muchos países. Desde que empezó su reinado, convirtió el budismo en la religión oficial de su país. Se cree que a él se debe la conversión de Sri Lanka a esta fe. También fue el que envió misioneros por toda la India. Éstos cumplieron su cometido tanto en el sur como en el noroeste del subcontinente indio.

Hay algunos documentos de la época que hablan de grupos de misioneros que intentaron sembrar la semilla del budismo en el Mediterráneo. Sin embargo, parece que allí no fueron bien recibidos y no consiguieron que casi nadie se apuntara a la emergente religión.

Más fortuna tuvieron los misioneros y las influencias del rey Asoka en el resto de Asia. Las doctrinas de la escuela theravada fueron llevadas desde Birmania a Sri Lanka. Esto es al menos lo que cuenta la leyenda, porque lo cierto es que no hay constancia del culto a esta religión hasta el siglo v d.C. En el siglo vi d.C., el budismo theravara pasó de Birmania a Tailandia. Durante los siglos xii y xiv los tailandeses se asentaron en el sudeste asiático, donde hicieron oficial su religión. Los reyes de Laos hicieron lo propio durante el siglo xiv. De ahí también pasó a Camboya, que durante los siglos anteriores había creído tanto en el budismo como en el hinduismo.

En el siglo I d.C., el budismo inició un lento pero imparable camino hacia Asia Central. Las rutas comerciales permitieron que se filtrara en China. Topó allí con la férrea oposición de los confucionistas, que durante muchos siglos estuvieron hostigando a sus seguidores. Finalmente, estos ataques culminaron en la gran persecución del año 845, que erradicó las prácticas budistas. De todas formas, no se consiguió arrancar la semilla. Pese a que los budistas no practicaban su culto como tal, dejaron varias prácticas como la meditación y la devoción que se filtraron para siempre en su forma de concebir la religión.

Desde China, y a medida que avanzaba la religión en Birmania, se consiguió que penetrara en Vietnam. Los confucionistas chinos intentaron oponerse a ello, pero poco a poco el budismo fue calando en el sudeste asiático hacia el año 189. También desde China consiguió alcanzar Corea, en el año 372.

Corea sirvió para que dieran el salto a Japón. Los nipones ya conocían del budismo, pero fue a partir del año 552 d.C. cuando se considera que se introdujo la religión en este país. En 594, el emperador la declaró el credo oficial de su país.

El avance del budismo fue siempre pacífico. Hay muchos mártires budistas, pero nunca ha habido grandes guerreros dentro de esta religión. Pese a que algunos practicaron las artes marciales, nunca defendieron por la fuerza sus ideales.

Paradójicamente, el Tíbet, que se considera el corazón de esta religión, no la conoció hasta el siglo VII d.C. El rey de este próspero país entró en contacto gracias a sus esposas extranjeras. Durante el siglo siguiente, la influencia fue incrementando. El monje hindú Padma Sambava, que llegó al Tíbet en el año 747 difundió con fuerza el budismo tántrico. Los chinos que pugnaban por imponer el hinduismo u otros tipos de budismo fueron expulsados en el siglo VIII.

EL BUDISMO EN LA ACTUALIDAD

Los centros más importantes del budismo son: Vietnam, Tíbet, Nepal, China, Japón, Corea y Ceilán. Éstos son los países en los que se puede considerar que esta religión es la oficial o mayoritaria.

En su país originario, la India, existen en la actualidad únicamente 200.000 budistas. El islamismo fue el que sentenció a muerte esta religión en su lugar de nacimiento. Se cree que entre los siglos VII y XII el budismo fue borrado del subcontinente. De todas formas hubo un nuevo resurgimiento en 1956, cuando 3,5 millones de antiguos miembros de la casta de los intocables se pasaron a este culto. Algo semejante ocurrió durante el siglo XIX en Sri Lanka, donde, después de darse por desaparecida la religión, hubo un nuevo avivamiento del culto.

En Tailandia y Birmania la religión está fuertemente asentada, pero ha recibido críticas. Ello ha provocado que los monjes cambiaran de actitud y se vincularan más en labores de ayuda a la comunidad.

La entrada del comunismo en Asia hizo que muchas comunidades se vieran resentidas. Por ejemplo, en China sigue siendo la religión mayoritaria, pero está sometida a un fuerte control gubernamental. Muchos monasterios fueron reconvertidos en edificios públicos y los monjes tuvieron que asumir trabajos que les apartaban de su vida contemplativa. En el Tíbet, el gobierno chino erradicó el culto budista. Este hecho fue una verdadero jarro de agua fría para los budistas que tenían el Tíbet como punto de referencia. De todas formas, la implacable persecución a la que fueron sometidos también sirvió para que se ganara las simpatías de muchos que hasta aquel momento a duras penas sabían en qué consistía esta religión.

En otros países, en cambio, ha florecido. En Japón, han surgido nuevos grupos budistas. Algunos se han convertido en sectas bastante intolerantes que captan adeptos con métodos que no siguen precisamente los dictados de Buda. Algunos temen que esto radicalice esta religión que siempre se ha distinguido por su pacifismo.

En los países occidentales, el budismo está atravesando una etapa de esplendor. La versatilidad de esta religión permite que algunas de sus prácticas puedan convivir con los cultos establecidos.

En la actualidad se considera que hay 300 millones de budistas en todo el mundo.

Muchos especialistas creen que el budismo llegará a Occidente. Hasta ahora sólo ha habido una atracción hacia algunas de sus prácticas, pero los entendidos consideran que en este siglo muchos podrían abrazar este credo. De momento se están aplicando muchas técnicas en la relajación y en la psicología. Sin embargo, esto podría suponer un cambio dentro de los preceptos budistas. Algunos hablan ya del neobudismo o budismo occidental que permitiría un planteamiento un poco más laxo de esta religión.

FILOSOFÍA BUDISTA, ACERCÁNDONOS AL BUDISMO

El budismo es una religión compleja. Huye del maniqueísmo y apuesta por la libertad personal de cada uno para encontrar el camino. Más que una religión al uso, brinda a sus seguidores un modo de vida. Es un culto para el que no hay respuestas inequívocas. De hecho, el estudio del budismo es una actividad que dura toda la vida. Y más allá de ella, en las siguientes reencarnaciones. Buda le repitió incansablemente a sus discípulos que dudaran de todo lo que él les explicaba y que lo comprobaran todo, puesto que ésa era la única forma de que encontraran su propio camino. Esto ha creado una religión cambiante, compleja, vibrante y fascinante. Pero a la vez ha hecho que sea muy difícil explicarla con sencillez.

Las diferentes ramas del budismo, que se estudiarán en otro capítulo, ofrecen algunas reglas. También existen técnicas como la meditación que permiten acceder a ese conocimiento. En muchas ocasiones se han adoptado esas prácticas por separado, dejando de lado el *corpus* de creencias que las rodean. No es necesario arroparlas en su credo para que sean efectivas, pero lo cierto es que de esta forma se ha ido desmembrando la religión. Conocemos partes, pero cada vez resulta más difícil entender el conjunto.

Todo ello hace que esta religión sea muy difícil de comprender. Para facilitar, en la medida de lo posible, ese tránsito al lector, hemos creído necesario entender primero la filosofía que emana del budismo. Se trata de una concepción del mundo muy diferente (que no opuesta) a la occidental. Por ello, para entender la fuerza de este culto, se hace imprescindible comprender alguno de los principios básicos en los que se basa este culto.

¿EXISTE LA FE?

Este es uno de los conceptos que más cuesta de entender cuando dejamos de lado nuestra mentalidad occidental y nos adentramos en las turbulentas a la vez que nítidas aguas del budismo. Esta doctrina no se basa en la existencia de divinidades en las que el hombre cree mediante un acto de fe. Tampoco de grandes dogmas que se tienen que asumir sin tener ninguna prueba de su existencia.

El budismo cree que el hombre debe unirse con la naturaleza fundamental que está en todas las cosas, en todos los seres. Por ello se ha de tener fe en que eso es posible y en que el camino para hacerlo es el *dharma*, que son las enseñanzas budistas. Pero una vez se tiene esa certeza, el camino lo ha de encontrar cada cual.

Por poner un ejemplo, es como si tuviéramos que ir a un lugar concreto del mundo. El camino lo hemos de elegir

---

Uno de los principales problemas a los que se enfrenta esta religión es a la falta de palabras escritas de Buda. Es un fenómeno bastante habitual en las religiones y pocos son los fundadores que han dejado por escrito su legado espiritual. Sin embargo, en el caso del budismo, esto supone un gran escollo, puesto que se trata de una doctrina con muchos matices y complicaciones. Ello ha dado lugar a diferentes ramas que, si bien tienen el mismo objetivo final, marcan diferentes caminos para alcanzarlos. De todos modos, el propio Buda aseguró que no era importante el camino escogido, sino la forma de recorrerlo. Por lo tanto, cualquiera de las ramas del budismo sigue siendo fiel a su filosofía.

nosotros, pero necesitamos tener la seguridad interior de que ese lugar existe y que los mapas que consultamos nos pueden conducir hasta él. A partir de ahí, cada caminante emprenderá una u otra ruta, sin que unas sean mejores que otras.

El budismo, por tanto, no intenta que sus seguidores tengan una fe ciega en algo que nunca podrán comprobar. Pretende que mediante el estudio y las experiencias personales puedan evolucionar y comprender que hay una verdad superior a la que pueden acceder.

Tampoco sirve el mero estudio de los textos. Ello da la base teórica, pero el budismo busca que sus seguidores experimenten en su cuerpo esa evolución hacia una nueva conciencia. Algunos creen que el estudio puede ayudar a conseguir el objetivo final, puede ilustrar al «caminante», darle ideas más concretas para su meditación. Sin embargo, otros creen que es mejor acceder a través únicamente de las experiencias personales que se hayan vivido en carne propia.

Por ello el budismo resulta contradictorio. Por una parte no existen dogmas concretos y por otra sí, puesto que la negación de la realidad es la creencia que cualquiera ha de asumir.

Seguramente, la diferencia básica con otras religiones, es que la fe no es un acto incomprensible que deba durar toda la vida. Se trata de un primer paso, pero después todo aquello en lo que se ha creído aparecerá claramente y

> La fe nos da la sabiduría de comprender que este mundo no es más que un juego momentáneo donde no existe una verdad inmutable. Nos hace adquirir la sabiduría que no se asombra ni se entristece por la mutabilidad.
> *Sutra Avatamsaka*

por tanto dejará de ser necesaria, porque se sustituirá por la evidencia. En otras religiones, como en la católica, por ejemplo, sólo podremos alcanzar a entender el misterio de la Santísima Trinidad cuando hayamos muerto. En el budismo no hay ninguna sabiduría que no podamos descubrir en esta vida o en otra existencia futura. Todo depende de nuestro trabajo personal.

LA VIDA ES SUEÑO

El budismo intenta que el hombre alcance un nuevo estadio superior. Según dijo el propio Buda, debemos ver la vida como una pompa de jabón o como un sueño. Ocurre lo mismo que cuando dormimos: vivimos una situación que nos parece real. Nos angustiamos si es una pesadilla, nos alegramos si es un sueño agradable, pero en el fondo todo es ficción.

Con los ejercicios que propone el budismo podemos ascender a un nivel superior, desde el cual veremos la futilidad de la vida. La existencia real es otra, mucho más espiritual y elevada, que nos permitirá librarnos del sufrimiento de nuestra condición humana.

Buda significa «el iluminado», pero también «el despierto». Este título hace alusión a lo que todos los humanos deberían lograr: despertar del sueño y alcanzar una nueva percepción del mundo mucho más cósmica, mucho más global y mucho más espiritual. Ése es el trabajo que tenemos que hacer. Tanto en esta vida como en las sucesivas.

No es que las cosas que conocemos no existan: los objetos, los amigos, los sentimientos, están ahí, pero condenados a desaparecer. No son perdurables. Por lo tanto, en cierta forma, aunque su existencia no es ficticia, no es definitiva. En cambio, existe otra dimensión en la que las cosas son definitivas. Y es ése estadio al que debemos acceder. Desde él podremos ver las cosas que ocurren en este mundo pero tendremos unos valores elevados que permitirán que las pongamos en su

«La visión de la Realidad, como el sueño de un mudo, no puede ser descrita con palabras a otra persona».

Phadampa Sangay

justo lugar. Y de esa forma podremos huir también del sufrimiento al que nos condena nuestra condición humana.

Este concepto puede parecer, *a priori*, un poco complicado, pero como se verá a lo largo de este capítulo se irá entendiendo en el seno del resto de creencias budistas.

De esta forma explican los budistas lo difícil que es explicar que el mundo que vivimos no es el verdadero, que existe esa Realidad con mayúsculas que es la que nos hará verdaderamente felices. Acceder a ese mundo es la tarea que tiene cualquier budista en la Tierra.

LA RELATIVIDAD DEL MUNDO

Para entender el concepto anterior debemos ir a la razón que llevó a Buda a llegar a esta conclusión. Él buscaba una fórmula para que los hombres pudieran huir del sufrimiento y abrazar la felicidad. El sufrimiento en términos budistas no significa simplemente el dolor físico o mental, también hace referencia a las preocupaciones, a la insatisfacción vital.

Buda llegó a la conclusión de que la felicidad existe como contraposición al sufrimiento, pero que es imposible huir de éste. Estamos condenados a envejecer, a enfermar, a presenciar situaciones que nos entristezcan.

Por tanto, por mucho que consigamos la felicidad, ésta nunca perdurará. Siempre será efímera. Y el sufrimiento volverá a aparecer.

Nos pasamos la vida deseando cosas. Nos gusta, por ejemplo, encontrarnos a un amigo. Intentamos rehuir a un enemigo. En todas estas acciones empleamos gran energía. Y en definitiva no sirve para nada porque es algo que no podemos controlar y que sabemos que acabará. No depende de nosotros. Ni siquiera de los que nos rodean. Un día ese amigo morirá o enfermará y entonces el dolor volverá a aparecer. Otro día, sin quererlo, nos encontraremos con ese enemigo y experimentaremos ansiedad, rabia u odio. Este no es un mundo ideal, básicamente porque todo en él es perecedero. Cuanto más nos aferramos a las cosas que están condenadas a desaparecer, más daño nos causamos a nosotros mismos. Cuanto más odiamos a los demás, más ansiedad nos provocamos.

Por ello el budismo busca la aniquilación del deseo. Muchos piensan que esta forma de vida conduce a una especie de apatía, pero no es así. Estar de brazos cruzados ante el mundo de poco sirve. Sería estúpido no curarse cuando uno enferma o no rehuir los peligros. Ése no es el camino que conduce a la negación del deseo. De esa forma, estamos igualmente expuestos al dolor, simplemente nos negamos a reaccionar ante él y esa actitud tampoco es positiva.

La aniquilación del deseo se consigue mediante la investigación. En vez de dejarnos llevar por él deberíamos preguntarnos por qué lo sentimos. Qué es lo que hace que anhelemos algo o huyamos de otra cosa. Y a partir de ahí, podemos conocernos, definirnos y redefinirnos. La meta es alcanzar un estado en el que podamos ver lo que sucede y entender verdaderamente por qué ocurre. De esta forma estaremos por encima de esos sentimientos. Los veremos y los dejaremos pasar sin que puedan dañarnos lo más mínimo. Es como si fuéramos espectadores de una película y a la vez comprendiéramos tan bien la naturaleza humana que supiéramos por qué actúan de ese modo sus protagonistas. El resto del budismo es conocerse a uno mismo, pero no de una forma superficial, sino con una profundidad que nos permita soslayar el dolor.

El salto es llegar a conseguir una felicidad que perdure y ésta no se halla en este mundo. Tenemos que acceder a un estadio superior en el que los valores que concedan la felicidad sean perdurables y tengan como contrapartida el sufrimiento. La felicidad que conseguimos en ese mundo es la negación del sufrimiento. Ambos términos están unidos para siempre. El dolor es la ausencia de goce y viceversa.

De esa forma siempre estaremos en un estado o en otro, pero nunca conseguiremos que uno de ellos perdure.

La felicidad que se alcanza mediante el budismo es completa. La que no depende de un equilibro entre lo bueno y lo malo. La que nos permite actuar libremente y no simplemente como un modo de rehuir el dolor. Y es que detrás de casi todas nuestras acciones subyace el miedo. Actuamos como lo hacemos porque no queremos padecer. Y esa forma de hacer las cosas condiciona nuestra vida y nos conduce a un estado de ansiedad continua que no se acaba nunca. Cuando alcanzamos algo que queremos, ansiamos otra cosa. Cuando rehuimos un mal, nos acecha otro. Es una cadena que sólo nosotros podemos romper mediante el conocimiento íntimo de nuestra naturaleza. Y ascendiendo a un estado superior en el que rompamos esas cadenas que tanto nos lastiman.

De ahí nace el extremo pacifismo de esta religión. El dolor se causa por la ambición, por la codicia, por las ganas de poseer. Y esta religión predica la abstención de esas conductas. No debemos llevarnos por esos deseos. No debemos albergar odio, porque es una forma de apego que nos condena al sufrimiento.

Ésta es otra de las singularidades que propone el budismo. Normalmente, las malas acciones son castigadas en todas las religiones, porque no agradan a Dios. Sin embargo, en el budismo no se habla de un ser superior que pueda

---

«Que nadie decepcione a otro, ni desprecie a quien fuere en lo más mínimo; que nadie, ya sea por cólera o por odio, desee el mal a otro. Así como una madre protege y vigila hasta con su vida su único hijo. Así, con un pensamiento ilimitado, hay que amar a todos los seres vivientes, amar al mundo en su totalidad, arriba, abajo y entorno a él, sin limitación alguna, con bondad benevolente e infinita».

Metta Sutta

condenarnos. Somos nosotros mismos los que saldremos perjudicados del mal que causemos. La bondad es la mejor cualidad del budista, que no siente ni celos ni envidias ni odios ni afán de venganza. Todos esos sentimientos son los que a la larga acaban encadenándole a un mundo en el que es imposible encontrar la felicidad.

¿EXISTIMOS?

Ésta es la pregunta que nos introduce en una de las cuestiones más difíciles de contestar en el budismo. Esta doctrina cree que el «yo» no existe. Forma parte de la realidad convencional que hemos creado, pero no de la definitiva. ¿Qué somos? A grandes rasgos podríamos decir que cuerpo y mente. Pero eso ya crea una separación, por tanto ya no es una única unidad, que es lo que significa el yo. Si vamos más allá, podríamos decir que somos dos piernas, dos brazos, dos ojos, una nariz, unas cejas, una cara... Ninguna de esas partes se puede decir que por separado seamos nosotros. Sin embargo, nosotros somos todas ellas. ¿Cómo es posible? Partes de un todo que no encuentran una definición unitaria. Esta apreciación pone en entredicho lo que entendemos como nuestra identidad.

La percepción de nosotros mismos no la tenemos al nacer. Se modela con la estructura artificial del mundo en el que vivimos. Esculpimos el yo desarrollando el lenguaje e interaccionando con la realidad. Un niño no tiene conciencia de todo esto. Siempre se dice que la personalidad se crea con la edad. Pero lo que, según el budismo, estamos creando, es un artificio, otra mentira a la que nos aferramos por miedo de llegar a comprender la realidad.

El yo es lo que creemos ser, pero en verdad somos mucho más que eso. Pero somos incapaces de acceder a esa totalidad, porque nos hemos encerrado en el yo del mundo artificial. La única forma de encontrar nuestra identidad completa es acceder a la dimensión total en que ya no seremos un yo fragmentado sino total. La meditación es uno de los caminos para conseguir esa conciencia. Durante la meditación, existen ejercicios para que surja esa duda. Y en ese momento, cuando estamos completamente relajados y abstraídos, podemos comprender con mayor claridad que no somos lo que siempre imaginamos. Por ello, muchos teóricos dicen que es casi imposible entender este concepto desde el razonamiento. Se ha de vivir. Por esta razón es muy difícil llegar a comprenderlo simplemente hablando de él.

Este razonamiento sirve para iniciar el camino de dudar de todo, incluso de nuestra propia identidad. El budismo es una constante búsqueda y el estudio consiste en poner en duda todo lo conocido para acceder a una verdad mucho más sólida y perdurable. Para conseguirlo tenemos que poner en duda todo aquello que conocemos. Tenemos, en cierta forma, que derribar nuestra realidad para conseguir otra mucho superior.

Algunos teóricos dicen que esa duda puede aparecer simplemente pensando en el tema. Uno se dice a sí mismo: ¿qué soy yo? Y a partir de esa pregunta puede empezar a reflexionar sobre un tema que tenemos completamente interiorizado de una manera concreta y que tal vez no sea así. Si a esas preguntas conscientes les sumamos la meditación será mucho más fácil entender el concepto al que nos referimos.

> «Todo lo que somos es el resultado de lo que hemos pensado; está fundado en nuestros pensamientos y está hecho de nuestros pensamientos».
>
> *BUDA*

De todas formas, aunque el lector tenga algunas dudas sobre este tema, no debe preocuparse. Durante éste y los siguientes capítulos irá encontrando la información necesaria para comprenderlo. De momento, apuntamos la idea, pero más adelante se profundizará en ello. Se ha de tener en cuenta que resulta bastante difícil entender el budismo estudiando sus conceptos por separado. Una vez se tenga una visión más general será como hacer un puzzle: de repente, todas las piezas encajarán y podremos ver el dibujo completo.

Con esta frase se intenta explicar el concepto de que nosotros somos una creación de nosotros mismos. No existe identidad verdadera, porque ésta no es perdurable.

LA ILUMINACIÓN

El estado de Buda o iluminación es el objetivo de las prácticas de esta religión. Se trata de un estado al que se accede de una forma vivencial, que puede sentirse. Algunas de las escuelas budistas recomiendan el estudio previo para que sea más fácil comprender lo que se está sintiendo durante la meditación. Pero otras corrientes renuncian al conocimiento intelectual. Se trata, únicamente, de una experiencia que se alcanza tras mucho entrenamiento o de forma fortuita. Es una experiencia tan intensa, que el que la recibe es consciente de que es eso lo que andaba buscando.

Es muy difícil explicar qué se siente al alcanzar ese estadio superior de conciencia. Sería tan problemático como intentarle explicar a un ciego de nacimiento cómo incide la luz sobre los objetos. Se ha de vivir en primera persona para saber lo que significa. Para ello se dan algunas pautas, algunos síntomas que se experimentan durante la meditación, para saber cómo reaccionar. Pero resulta muy difícil describir exactamente lo que se siente. Sin embargo, tampoco ha de ser algo que nos obsesione, sobre todo si meditamos. El camino del budista es plácido y no debe obsesionarse nunca por los resultados. De hecho, esta religión se estudia durante toda la vida, por lo que no hay que tener prisa.

El camino es largo, aunque también se puede tener una revelación súbita. Una vez se alcanza la percepción de que

Templo budista. Pese a construcciones como ésta el budismo, más que una religión, es una forma de vida abierta que busca el bienestar de sus seguidores.

el yo individualizado, tal y como lo entendemos, no existe, el budista desarrolla un sentimiento de compasión hacia todos y hacia todo.

Ese sentimiento nace de la conciencia de que vivimos una falsa individualidad y que en el fondo formamos parte de los demás. Ello crea un vínculo con el universo del que emana la verdadera compasión y también la verdadera y perdurable felicidad. Formamos parte de los demás y ellos de nosotros, de hecho ya no existen los términos «ellos» y «nosotros». Por tanto, cualquier mal que inflijamos es un dolor que nos estamos causando. Y de la misma forma, desearemos que a todo el mundo le vayan las cosas lo mejor posible, porque de esa forma también nos sentiremos felices. Al borrar las fronteras de la personalidad formamos parte del todo universal y por lo tanto nuestro destino se diluye en el de la humanidad entera. De esa forma es imposible hacer mal a nadie.

En algunas ramas del budismo, como el mahayana, se cree que una vez se ha tenido esa revelación, el practicante siente el deseo de compartir su felicidad, que en este caso no está condicionada al sufrimiento. Por ello dedica su vida a ayudar a despertar al resto de los hombres, a conseguir que alcancen esa iluminación que es una fuente inagotable de bienestar. En algunas escuelas los estudiantes han de hacer el voto de dedicarse a enseñar una vez hayan llegado a la iluminación. Pero según Buda, no es necesario, puesto que ese sentimiento surge como algo natural y no como un deber impuesto.

En cierta forma, las misiones budistas tienen como objetivo compartir una experiencia maravillosa a la que no todo el mundo puede acceder. Esto ocurre en buena parte de las religiones que intentan el proselitismo: uno cree que ha encontrado la verdad absoluta y quiere que los demás también accedan a ella. En cambio, en el budismo, la cosa cambia. No se trata de una certeza intangible, si no de una experiencia personal vivida en primera persona que se quiere hacer llegar a los demás. De todas formas, el budismo no es una religión que se caracterice por practicar el proselitismo o por intentar captar adeptos a toda costa. Esta «compasión» que lleva a los budistas que han alcanzado la iluminación a instruir a otros suele llevarse a cabo entre los interesados en el tema.

El budismo es una religión muy poco competitiva y casi nada impositiva. El camino que recorre es tan largo

> Extracto del libro *Despertares*.
> «¿Dónde puede encontrarse el oro puro si no es dentro del mineral, rodeado de impurezas? ¿Dónde hallar a un buda si no es dentro de uno mismo, en medio de las vicisitudes mundanas?».

que de nada serviría «obligar» a alguien a asumirla. Sus técnicas son tan beneficiosas que es habitual que muchas personas entren en contacto con ellas y se interesen por saber qué hay más allá.

Esta frase nos demuestra que la iluminación es algo que debemos alcanzar, sabiendo renunciar a nuestra condición humana, plagada de imperfecciones.

ATEÍSMO Y BUDISMO

Muchos creen que el budismo es una religión atea porque no cree en el concepto tradicional de Dios. No existe un supremo hacedor que es el que controla el mundo. Los dioses, al igual que el resto del mundo, dependen de la percepción de cada uno. Su existencia en el mundo real está llena de matices y depende mucho de la escuela concreta budista.

En general, los dioses sirven para «inspirar». Durante la meditación, la imagen de un dios puede servir para trabajar ciertas áreas que han de desarrollarse. De esta forma, guían ciertos aspectos y tendencias del practicante.

Para algunos budistas es útil creer en su existencia, para otros, en cambio, resulta innecesario. Por lo tanto, las divinidades budistas cambian mucho dependiendo del tipo de doctrina y de la persona que la practica.

En cualquiera de los casos, el dios resulta la causa primera o última de la existencia. Los dioses también pueden reencarnarse e, incluso, pueden pasar a ser un ser inferior en la escala de reencarnaciones. Ésta es una situación bastante corriente, puesto que es probable que la vida de lujo que llevan les aparte de la búsqueda de la iluminación. Y es que los dioses también tienen que intentar, al igual que los humanos, llegar al estado de buda o iluminado. En algunos cultos, por ejemplo, se ha divinizado a Buda. Muchos, en cambio, piensan que esto es un error, que Buda es simplemente un maestro y como él existieron otros que no se mencionan en las escrituras, pero que también ayudaron a que los hombres de su tiempo estuvieran más cerca de la iluminación.

El budismo, además, se integra en muchas ocasiones en las religiones de los países en los que se extiende. Ello hace que acepte parte de las deidades autóctonas que tanto pueden representar aspectos positivos como negativos.

El budismo tibetano, tántrico y japonés, por ejemplo, emplea a varias divinidades para conseguir que el practicante alcance el estadio superior. Algunas le apartan de él, dándose cuenta así de lo que hace incorrectamente. Otras, en cambio, suscitan conductas que le acercan a la consecución de su fin.

Concretamente, en el budismo tántrico, existe una ceremonia a través de la cual el discípulo puede realizar prácticas relacionadas con una deidad. Esta iniciación cuenta con cuatro fases. La primera es la iniciación del vaso, que es una ablución que purifica el cuerpo para que pueda recibir el espíritu. Después se pasa a la fase secreta, en la que el iniciado bebe un elixir consagrado que le prepara para vincular el cuerpo y la mente en las prácticas yóguicas. A continuación se pasa a la iniciación de la sabiduría o *gnosis*, en la que la mente se prepara para meditar en la unión de las energías esenciales masculinas y femeninas. Por último, la iniciación de la palabra que permite acceder a un nivel de meditación superior en el que se puede recurrir a la divinidad.

En las escuelas Mahayana, Zen y de la Tierra Pura, sólo existen dos dioses principales que cuentan con la devoción de sus seguidores. Se trata del Buda Amida y del Kuan Yin.

En cambio, el budismo Theravada no participa en el culto a los dioses. Habla de estados, pero intenta que nunca se identifiquen con dioses en concreto. Sin embargo, y pese a que ésta es la premisa básica, en algunos países en los que se ha extendido sí que ha asimilado parte de su culto, que incluía a divinidades.

De todas formas, la mayoría de las escuelas admiten la existencia de Mara, que fue el dios que tentó a Buda. Mara representa el mal, pero no un mal al modo tradicional, sino los obstáculos que impiden alcanzar la sabiduría primordial. El mal tiene un aspecto externo que es la mala motivación y el egoísmo. El interno tiene cuatro acepciones que acostumbran a llamarse las cuatro maras. Son las emociones turbadoras (la obnubilación, el deseo y la cólera) que son la raíz del sufrimiento. Los cinco agregados psico-físicos que limitan la esencia absoluta. El miedo a la muerte que se basa en la creencia que el cuerpo es el yo. Y por último, la seducción del placer que crea insatisfacción por querer cosas que no son perdurables y que ni siquiera son lo que parecen.

En general, el budismo considera que todas las religiones pueden ser útiles para trascender y llegar al estado ideal que propone su doctrina. Por eso es sumamente respetuosa con todas. Por ejemplo, en concreto con el cristianismo, los budistas creen que Cristo fue un ser iluminado.

En muchas ocasiones se ha intentado definir un panteón de dioses budistas, pero es casi imposible. El concepto de Dios poco tiene que ver con el resto de religiones y, además, cambia dependiendo de la rama del budismo que abordemos. Por ello, es imposible enumerar una lista completa de dioses. Aunque tampoco se puede decir que éstos no existan. Es por tanto otra de las paradojas de esta doctrina tan fascinante.

De todas formas, el budismo tampoco apunta al sincretismo religioso. Es decir, hacerse una religión a medida. El budismo es una doctrina y si bien es cierto que algunos de sus seguidores han adoptado sólo algunas técnicas, ello no significa que se pueda coger un trozo de aquí y otro de allá para fabricarse un credo particular.

Buda afirmaba que había 84.000 puertas para entrar en la enseñanza en el camino, por ello emplear los dioses o no es una elección personal. Ello nos retorna al principio de este apartado. Muchos consideran que el budismo no es una religión en sí, sino una filosofía. Este debate sempiterno no nos conduciría a ninguna conclusión satisfactoria. Lo cierto es que en esta doctrina no existe una figura de un Dios que controla el universo.

En este sentido, el budismo es una de las religiones más diferentes que existen si se compara a las demás. Hay un camino, pero muchas formas de tomarlo. Y no hace falta esperar a la muerte para acercarnos al conocimiento supremo de la religión.

¿CÓMO SE PUEDE SER BUDISTA?

La libertad que permite el budismo se traduce también en las posibilidades de acercarse a él. No existe ningún escollo que impida a cualquiera, sea cual sea su religión o su procedencia, interesarse por esta doctrina. Por ejemplo, uno puede interesarse únicamente por una parte de ella. El yoga, por ejemplo, es una práctica muy extendida, pero llevarla a cabo no hace que uno se acerque al budismo. Es una forma de obtener beneficios muy aconsejable, pero que no hace que uno pertenezca al budismo. Los que practican estas técnicas, conociendo la doctrina, son los llamados simpatizantes.

El siguiente «grado» es el de personas que asumen el camino y son miembros laicos de la comunidad budista.

Para ser plenamente budista uno ha de asumir el camino de la revelación y vivir en consonancia con él. Da igual de qué religión provenga, de qué país y qué formación tenga. Se trata de que asuma el llamado Óctuple Sendero y viva de acuerdo con él. Es un compromiso que tiene la intención de durar toda la vida y las sucesivas reencarnaciones. De todos modos, si después decide abandonar este camino, puede abandonar la doctrina sin ningún problema.

En muchas escuelas existe un tipo de ceremonia oficial en la que los futuros seguidores «toman refugio». Se trata de entender que el mundo es ficticio y que se ha de buscar la realidad auténtica y perdurable. Esas celebraciones suelen ser una manifestación pública del compromiso, pero no son necesarias. Cualquier persona puede tomar refugio con sinceridad y ello ya es suficiente para que se pueda considerar budista.

Buda le dijo a sus seguidores: «Dudad de todo lo que os he dicho y encontrad vuestra propia luz». De esta forma se resume la máxima del budismo. Cada cual ha de encontrar su propio camino. El objetivo es la Iluminación, pero una vez se siguen los preceptos básicos, cada cual ha de encontrar su método para acceder a este estado en el que por fin se librará del sufrimiento.

Para empezar en esta religión se recomienda tomar contacto con la parte teórica y practicar la meditación. Así uno va comprendiendo lo que significa ser budista y puede elegir con conocimiento de causa si quiere llegar a serlo.

LA REENCARNACIÓN
UNA CUESTIÓN CLAVE

En el capítulo anterior nos hemos aproximado a los conceptos más importantes de la filosofía budista, sin embargo, hemos dejado uno por abordar que es de vital importancia para comprender esta doctrina. Su extensión y su complejidad requerían un capítulo aparte en el que se pudiera explicar con la debida profundidad. Nos referimos, como el lector seguramente ya habrá adivinado, a la reencarnación.

La reencarnación es uno de los temas básicos de la religión budista. De hecho, al carecer de cultos a dioses, la reencarnación es la que configura la visión del universo para los budistas. Ellos estructuran su existencia como una cadena de reencarnaciones que tiende a alcanzar la perfección, el mítico estado de *nirvana*. Por ello iremos de una existencia a otra y dependiendo de nuestros logros en cada una de ellas accederemos a un estado o a otro. Pero esto no es visto nunca como un castigo. Forma parte de la herencia que acumulamos en nuestras sucesivas vidas.

El budismo es una religión que no castiga. A diferencia de algunos credos, en éste no encontramos cielo ni infierno. Simplemente un largo camino por recorrer, que se

> El camino del budismo dura toda la vida. Pero no acaba ahí. Tras esta vida viene otra y otra y así un innumerable número de existencias. El objetivo es liberarse de la cadena de reencarnaciones para acceder al *nirvana*.

puede hacer más corto o más aciago dependiendo de la actitud que tome el sujeto en cada una de sus existencias.

Antes de adentrarnos en el concepto budista de reencarnación creemos importante recordar cómo esta idea ha calado profundamente en algunas religiones mientras que ha sido desterrado de otras.

REENCARNACIONES OCCIDENTALES

En la actualidad, parece que la reencarnación sea un concepto que aparece exclusivamente en las religiones orientales. Pero no siempre fue así. De hecho, los primeros escritos sobre este tema los hallamos en la cuna de la civilización occidental.

En Egipto se creía en la reencarnación de las grandes almas, que tenía como propósito guiar a la humanidad. Con el devenir de los años, este concepto se popularizó y cualquier alma tenía derecho a vidas subsiguientes. El famoso *Libro de los Muertos* contiene directrices para propiciar el tránsito de las almas.

Pitágoras, además de ser conocido por el famoso teorema, también se dedicó al estudio de esta idea. El matemático llegó a la conclusión de que el cuerpo muere, pero el alma no. Tras cada fallecimiento, el alma pasa una época en el infierno para purificarse y después vuelve a alojarse en otro cuerpo. Tras una serie de renacimientos en diferentes cuerpos, finalmente el alma queda libre de este ciclo. Para Pitágoras, la reencarnación era básica, porque sin ella desaparecería el universo.

Platón, el célebre filósofo de la Grecia clásica, también discernió sobre el alma y su andadura por este mundo. Según afirmaba, el alma, al entrar en contacto con el cuerpo, pierde su pureza. Cuando el cuerpo muere, ésta se encarna en otra persona. Y así sucesivamente. Después de varias transmigraciones, llega el momento de decidir a qué lugar se dirigirá. Si en las sucesivas vidas ha tenido un buen comportamiento, volverá a su estado puro. Si, por lo contrario, se ha dejado llevar por las debilidades humanas y ha obrado mal, se le condenará a *Tártaro*, un lugar que en la mitología griega se asemeja al averno.

Sin embargo, así como la filosofía de Platón o los teoremas de Pitágoras fueron luz y guía de la cultura occidental, sus aseveraciones sobre la reencarnación cayeron en el olvido.

Las grandes religiones, judaísmo, cristianismo e islamismo, obviaron por completo este concepto. Estos tres credos no permiten segundas oportunidades: uno se lo juega todo en esta vida y dependiendo de su actitud se irá al cielo o al infierno.

La sola idea de la reencarnación ha sido interpretada siempre por estas grandes religiones como una herejía. De hecho, muchos de los miembros de estas doctrinas no han oído hablar durante siglos de esa posibilidad. Sin embargo, ahora, el contacto con Oriente ha servido para que muchos conozcan nuevas teorías.

De todas formas, y pese a la prohibición «institucional», han habido algunos movimientos dentro del seno de estas religiones que han reivindicado la reencarnación o que, al menos, se han acercado de un modo u otro a ella. Los cabalistas judíos, por ejemplo, adoptaron esta idea dentro de su filosofía. De hecho, en la Torá ya aparece el término hebreo *gilgol* para referirse a la trasmigración de las almas. Para los rabinos son simplemente historias alegóricas. Sin embargo, los cabalistas estudiaron a fondo la cuestión. De acuerdo con sus teorías, los judíos primitivos creían en la reencarnación de los grandes profetas. El alma de Adán había pasado a David y a su vez a Moisés.

La reencarnación cabalística dejó de ser «elitista», es decir reservada para los grandes personajes, con la publicación del *Zohar*, el libro del esplendor (1280) en el que se afirmaba que todas las almas estaban sujetas a la prueba de la trasmigración.

Los cabalistas no se ponían de acuerdo con lo que significaba la reencarnación. Para algunos creían que era un castigo por cometer pecados sexuales. Otros pensaban que era una pena impuesta porque Caín mató a Abel y que sólo cesaría cuando todos los muertos resucitaran. En general, casi todos creían que el alma poblaba otro cuerpo humano, aunque algunos disidentes de esta teoría contemplaban la posibilidad de que pudiera aparecer en un animal o en una roca.

A partir del siglo XVIII, los cabalistas creyeron que sólo había una alma principal que se reencarnaba: la de Adán. Al morir, se hizo chispas y sólo la reencarnación podía volver a unirla.

Los cabalistas perdieron toda su influencia en el seno del judaísmo en el siglo XX y todas sus teorías se diluyeron. En la actualidad ninguna de las tres ramas principales —reformista, conservadora y ortodoxa— contempla el *gilgul*. Sólo se puede encontrar alguna mención en la secta hasídica.

Los gnósticos y los maniqueos también creían en esta posibilidad. Sin embargo, los cristianos primitivos que siguieron estas dos filosofías fueron declarados herejes por la Iglesia.

Algunos filósofos estudiosos del cristianismo han dicho que en la Biblia se encuentran referencias a la

---

Las religiones occidentales niegan la existencia de la reencarnación. Sin embargo, en sus orígenes, se encuentran grupos disidentes que creen en esta posibilidad. De hecho, el concepto de reencarnación aparece en la cuna de la civilización occidental, pero éste no fue adoptado por ninguna de las doctrinas que aparecieron posteriormente. De todos modos, dentro de éstas siempre ha habido grupos disidentes que han creído que la trasmigración de las almas era una realidad. Por lo tanto, se trata de un pensamiento recurrente que aparece de una forma u otra en casi todas las religiones.

reencarnación. En el Evangelio de San Mateo, por ejemplo, Jesús señala que Juan *el Bautista* es la reencarnación de Elías, que debía volver a la Tierra antes del nacimiento del Mesías. Sin embargo, San Juan Bautista niega en otro versículo ser la reencarnación del profeta. Los defensores de esta teoría señalan que el santo olvidó su antigua existencia cuando llegó aquí y por eso no la recuerda.

Esta teoría es la que sostenían los gnósticos. En los documentos coptos, descubiertos en Egipto en 1945, explican que Jesús le reconoció a María Magdalena que él había propiciado la reencarnación de grandes almas. En concreto vuelve a citar el caso de Elías y Juan *el Bautista*.

Se cree que los cristianos primitivos creían firmemente en la reencarnación. Sin embargo, en el año 553, el emperador Justiniano, que se proclamó jefe de la Iglesia, desterró esas ideas de la doctrina oficial. De todos modos, estas creencias continuaron en la Edad Media en sectas como los cátaros, los albigenses, los templarios, los rosacruces, los francmasones y los alquimistas, por citar algunos.

¿Creen actualmente los cristianos en la reencarnación? Oficialmente la religión prohíbe esa creencia, pero algunos persisten en ella. Según una encuesta de la empresa Gallup realizada en 1969 en 12 países, algunos cristianos confiaban en tener una nueva vida: en Holanda, el 10 por ciento; en el Reino Unido, el 18 por ciento; en Estados Unidos, el 20 por ciento, y en Canadá, un 26 por ciento.

Años más tarde, en 1981, se volvió a hacer la misma pregunta y se constató que la fe en la reencarnación se había elevado en un 3 por ciento. En total un 23 por ciento de cristianos (38 millones) contemplaba la posibilidad. Dividiendo la encuesta entre las diferentes ramas del cristianismo se llegó a esta repartición: el 26 por ciento de los metodistas, el 25 por ciento de católicos, el 22 por ciento de luteranos y el 21 por ciento de protestantes.

OTRAS CREENCIAS

El concepto que abordamos está presente en un sinfín de religiones y mitologías, que al ser minoritarias o poco conocidas no han trascendido. Sin embargo, creemos útil repasarlas en este apartado.

En la mayoría de las tribus africanas es una idea profundamente arraigada. Socialmente, por ejemplo, está mal visto no tener hijos, porque ello impide que las almas encuentren nuevos cuerpos en los que habitar. Es como un insulto para los antepasados que quieren volver a estar entre los vivos.

En los aborígenes australianos se dan muchas teorías sobre este punto. Las más fuertes se encuentran en la parte central de esta región. Algunos consideran que en un futuro serán hombres blancos. De hecho, el color de la piel es una característica de que el alma ha evolucionado. Por ello, muchos de estos pueblos recibieron con júbilo a los exploradores occidentales.

En casi todas las tribus estudiadas por los antropólogos se tiene algún tipo de religión. Y en ésta aparece de forma recurrente el concepto de reencarnación. En algunas se considera la base de la doctrina. Esta es la razón por la que el culto a los antepasados es tan importante. Ellos regresarán al mundo y por tanto se les tiene que contentar.

Los conquistadores de América también se beneficiaron de las costumbres de los pueblos de América Central y del Sur. Según la leyenda, los aborígenes pensaron que los recién llegados a sus tierras eran la reencarnación de Quetzalcoatl en México y Viracocha en Perú, y por ello se sometieron a su mandato.

Algunas tribus de indios americanos también están seguros de que volverán a este mundo. En concreto, los tlingits, de Alaska, piensan que la reencarnación es una forma de continuar la identidad personal. Antes de nacer, la madre o algún pariente tiene un sueño en el que se le revela a quién perteneció el espíritu que ahora habitará en el pequeño. Una vez nace, debe ser reconocido y se le pondrá el mismo nombre que el antiguo poseedor de su alma. Si no se hace así, el bebé pierde el derecho a gozar de la gloria de sus antiguas reencarnaciones.

ALMAS ORIENTALES

Si se tuviera que encontrar una característica principal que diferenciara las religiones orientales del resto, ésta sería, sin duda, la reencarnación. Éste tema está presente en los principales credos.

El primero de todos y más milenario es el hinduismo. Los brahmanes aseguran que es una idea indisociable de su religión. Sin embargo, hay dudas al respecto. Pese a la antigüedad de esta doctrina, no es hasta el año 1000 a.C. (en los libros sagrados *Vedas*) cuando aparecen las primeras alusiones. Algunos sostienen que éstas son muy vagas y que no se puede considerar la cuestión hasta la aparición de otros documentos, los *Upanishads*, que son una versión comentada de los *Vedas*.

En el hinduismo, la reencarnación es considerada un castigo, una pena. El premio no es el cielo, en el sentido cristiano, sino la posibilidad de dejar de reencarnarse.

Buda nació en el seno del hinduismo, por lo que era lógico que integrara este concepto en su doctrina. Sin embargo, y como se verá a lo largo de este capítulo, su idea

---

Buda, al nacer dentro del hinduismo, se crió con los conceptos de ésta doctrina. Él nunca intentó hacer una revolución, sino completar lo que había aprendido. No negó nada de lo que se creía, sino que aportó una visión más completa y profunda. Esto se puede apreciar en el concepto de reencarnación. Siguió empleando los mismos términos hinduistas pero les confirió un nuevo significado. Sin embargo, para los brahmanes esto supuso un desafío que provocó que se enfrentaran a él.

de la trasmigración tiene algunos puntos de divergencia con la religión de los brahmanes.

Para entender correctamente el concepto de reencarnación en el budismo tenemos que hacer referencia forzosa a tres términos: *karma, samsara* y *nirvana*. A continuación explicaremos cómo entiende esta religión estos conceptos.

EL KARMA

Se podría definir como la ley de la causa y efecto. Cualquier acción, por nimia que sea, tiene una consecuencia. Para entender más claramente esta idea utilizaremos un sencillo ejemplo. Pongamos que lanzamos una piedra. Sabemos que nuestro tiro tendrá una consecuencia. La piedra puede caer sobre la tierra, hundirse en un lago o darle a un animal, por ejemplo. Está claro que no se quedará suspendida por siempre en el aire sin encontrarse con nada. Pues así ocurre con todas nuestras acciones. De alguna forma todas tienen una consecuencia.

En el budismo nosotros somos los que recibimos directa o indirectamente esa respuesta a nuestras acciones. Y cada reencarnación es una consecuencia de la anterior vida, de lo que hicimos en ella. La ley del *karma* asegura: «Tú eres lo que eres y lo que haces, como resultado de lo que fuiste e hiciste en una reencarnación anterior, lo cual a su vez fue el resultado inevitable de lo que fuiste e hiciste en reencarnaciones anteriores».

De este modo, el *karma* es la forma en la que influye el pasado en nuestras acciones, pero también el modo en que las que llevamos a cabo ahora puedan repercutir en nuestro futuro.

La idea que más se ha popularizado de esta idea es que, en el fondo, los padecimientos de esta vida se deben a las malas conductas de la anterior. Por ejemplo, si en una vida asaltabas y robabas es probable que en otra seas la víctima de estos actos. De esa forma, el *karma* se nivela.

Sin embargo, el *karma* no es un castigo. No se pagan penas por los actos cometidos ni se reciben recompensas por las buenas acciones. Volvemos al ejemplo de la piedra. Pongamos que cae en un lago y crea ondulaciones en el agua. Éstas no son en sí ni malas ni buenas, simplemente una consecuencia lógica de haber lanzado un objeto al agua. Nosotros viviríamos esas ondulaciones como resultado de haber tirado esa piedra. Si no fuera suficiente en una vida para sentirlas, tendríamos otra o las que fueran necesarias para que finalmente dejáramos de notar las consecuencias derivadas de ese acto.

Es muy importante, por tanto, comprender que el *karma* no es un ajuste de cuentas ni tiene ninguna concepción moralista implícita. No hay concepto de pecado ni de castigo en el budismo. Siguiendo unos preceptos básicos (que se explicarán en el siguiente capítulo) uno hace cosas que le van bien o mal para su crecimiento interior. De hecho, lo que a uno le puede resultar beneficioso puede ser perjudicial para otro.

Muchos creen que, de esta forma, el sujeto nunca es libre. Todo lo que le ocurre está condicionado. Pero ello no es cierto. Con sus acciones, cada persona genera *karma* nuevo. No se trata de una tendencia inamovible, sino de algo que se va regenerando con cada acción.

El *karma* no es el destino, simplemente es la consecuencia de lo que se ha hecho o de lo que se está haciendo. No es inamovible, porque también podemos decidir reaccionar

●

El término *karma* se ha puesto muy de moda últimamente. «Tiene mal *karma*» es una frase que podemos oír habitualmente para referirnos a alguien que nos parece negativo. Sin embargo, su definición es mucho más compleja. Algunos estudiosos creen que el *karma* es una especie de aura que rodea a la persona y que cambia dependiendo de cuáles hayan sido sus acciones en otra vida. De todas formas, se ha de dejar claro que el *karma* no es un término que pueda servir para culpabilizar a nadie. Simplemente se trata de las consecuencias que acarrearon sus acciones.

ante él de una forma u otra, siendo ésta una decisión completamente libre.

De todas formas, se admite que el *karma* influye en aspectos como la belleza, la inteligencia, la longevidad, la salud o el nivel social. Buda asegura que dependiendo de cada *karma* uno puede reencarnarse en persona, animal, fantasma hambriento o incluso en algunos de los dioses hindúes.

Buda enseñó que el *karma* pertenece a cada uno. Por ejemplo, si el viento se lleva una hoja de un árbol, ello no se debe al *karma* del árbol. Si nosotros lo hemos presenciado es por nuestro propio *karma*.

También existe un *karma* colectivo, que no es algo incontrolable, sino la suma de las acciones de la humanidad. También existen *karmas* para comunidades concretas que suponen la actitud de sus miembros.

Otro principio importante es que el *karma* no se puede cambiar. No se puede orar ni pedir a nadie que interceda para cambiarlo. No hay nada que se pueda hacer para conseguir modificarlo. Es una ley moral universal que no es buena ni mala, simplemente está ahí para que el cosmos tenga equilibrio.

SAMSARA

Esta palabra procede del sánscrito. *Sara* significa ir, seguir, mover. *Sam* es un prefijo que indica que algo es lo mismo, junto a, conjunto o totalidad. Algunos traducen este término como deambular. Todo ello nos deja con una palabra que explica la trasmigración de las almas.

No es lo mismo que la reencarnación. El *samsara* es el ciclo en el que estamos atrapados y que nos lleva de una existencia a otra. Cuando alcanzamos el ansiado *nirvana* se rompe la rueda de reencarnaciones, es decir, el *samsara*. Los expertos aseguran que en ese momento se comprende que el *samsara* es lo mismo que el *nirvana*.

Un concepto importante para entender la trasmigración de las almas y la reencarnación es el *anatmán*. En sánscrito, *atmán* significa alma y *anatmán* no-alma. Aquí deberíamos recuperar el concepto de «ego» que ya se analizó en el capítulo anterior. El budismo señala que los hombres crean su «yo» partiendo de cinco *skandhas* (o realidades): el cuerpo material, los sentimientos, las percepciones, las tendencias kármicas y la conciencia. La persona es la combinación temporal de estas cinco supuestas realidades que están sujetas a continuos cambios y que por lo tanto nunca pueden proporcionar la felicidad.

Los budistas, por tanto, niegan que este cóctel pueda ser considerado el alma. No se puede crear un concepto de uno mismo, puesto que esto conduce a la ansiedad, al egoísmo y, en definitiva, al dolor. No puede haber, por tanto, una unidad permanente que constituya al hombre. No hay por tanto alma.

Para explicar todo esto, Buda recurrió a la teoría del *anatmán*. De hecho, según su doctrina, la existencia humana se caracterizaba por tres conceptos básicos: *anatmán* (no tener alma), *anitya* (impermanencia) y *dukkha* (el sufrimiento).

Este punto diferencia la concepción del *samsara* budista de la hinduista. Los hindúes creen que el alma es personal y que pasa de un cuerpo a otro. En cambio, los budistas no creen que haya una identidad propia que pasa de un cuerpo a otro.

Para explicar este concepto tan complicado, el Dalai Lama puso un ejemplo clarificador. La reencarnación no es

---

El *samsara* no es, aunque pueda parecerlo, un castigo. Las sucesivas vidas no son vistas como una condena, si no como un suceso natural. En el budismo es importante el objetivo, pero también lo es el camino hasta llegar a él. Por ello, la visión de la vida no es negativa. En cambio, en otras religiones, el *samsara* es considerado una condena y por lo tanto la vida en este mundo es una pena con la que se ha de cargar.

el hilo de un collar de perlas que las unifica. Es como un montón de papeles. Uno está encima de otro. Todos están conectados, puesto que se aguantan. Sin embargo, cada uno está en contacto sólo con el anterior y con el siguiente. De esta forma, tampoco se culpabiliza a cada cual de sus anteriores existencias, como se hace en otras religiones que creen en la reencarnación. Por tanto el alma no existe como una unidad separada e inamovible. Y esta es la diferencia básica con el hinduismo y con casi todas les religiones que creen en la reencarnación.

EL *NIRVANA*

Las diferencias entre budismo e hinduismo siguen en el concepto de *nirvana*. Para los hindúes el *nirvana* es el momento en el que se acaba la rueda de reencarnaciones y el alma se une al ser infinito. Sin embargo, la gran diferencia del budismo radica en que al no creer en el alma individual no pueden considerar que ésta se una al ser universal, porque ya forma parte de él.

El *nirvana* es la iluminación, ser capaz de ver que el mundo real está por encima de las irrealidades en que vivimos. Y por tanto, se llega al final del sufrimiento. Ya no será necesario volver a la Tierra. Ya no se tendrá que ser esclavo de las debilidades de la carne: la consecución del placer, el dolor, el rencor, la ira... en definitiva todas las emociones humanas que son las causantes del sufrimiento. De esa forma, se alcanzará la felicidad que anuncian los budistas: la que es imperecedera y no se define como contraposición al dolor, que siempre acaba apareciendo en nuestra existencia.

Los budas son los únicos que pueden acceder al *nirvana*. Ellos han llegado a un estado superior, han cerrado su ciclo de reencarnaciones y han recibido la gran iluminación. Por ello, han visto el mundo como es de verdad y no las apariencias y sombras que hemos creado.

El *nirvana* es el estado en el que desaparece la ignorancia y se accede a la sabiduría trascendental en el que se ve la artificialidad del mundo sin ningún esfuerzo. Es como si por fin se supiera toda la verdad que hasta ahora costaba tanto esfuerzo descubrir.

El estado es indescriptible y resulta muy difícil poder explicar lo que se siente. Es un estado que sólo se puede vivir, es muy difícil describir. Muchos aseguran que en ese momento se tiene conciencia de todas las vidas anteriores. Se comprenden no sólo en los detalles, sino en la totalidad. Uno llega a saber lo que vino a hacer en cada una de ellas, lo que aprendió y el *karma* que generó. También se recuerda el espacio entre una trasmigración y otra y cómo se vivió la reencarnación. Pero todo eso son detalles. En el fondo uno comprende su verdadera naturaleza y lo ficticia que es la vida tal y como la entendemos.

De esta forma se alcanza un estado superior. Pero, ¿a dónde conduce el *nirvana*? El *nirvana* no es un estado más, sino que es el final del camino que emprende el budista.

El *nirvana* acaba siendo la extinción del ser. Por fin se ha liberado de todas las cargas, del dolor, de las fronteras de su personalidad ficticia. Es por tanto el momento en el que el ser se autoextingue. Tiene conciencia total de que no existe la individualidad y por tanto abandona todos esos conceptos.

«El discípulo que haya renunciado al placer y al deseo, y el que es rico en sabiduría, ese alcanza en este mismo mundo, la liberación de la muerte, el *nirvana*, la morada eterna».
Buda

Por fin ya no necesita volver a la cadena del *samsara* y el alma se extingue en la felicidad absoluta, en la nada, en el no-ser. Libres de las pasiones, de la ansiedad, del rencor, de todos esos sentimientos humanos y habiendo accedido a la verdad suprema, se deja de existir.

Algunos lo comparan con la reencarnación en el hinduismo en la que el alma pasa a formar parte del universo. Pero no es lo mismo: como el budismo no reconoce la existencia del alma individual, ésta no puede sumarse al ser supremo.

El nirvana por lo tanto es el estado de la felicidad duradera en la que el individuo deja de existir porque comprende que nunca ha sido nada más que sus pensamientos. Sin identidad se pierde en esa felicidad infinita que es lo que ha buscado toda su vida.

EL SUICIDIO EN EL BUDISMO

Visto lo visto, ¿qué pasa si uno no aguanta la vida y decide suicidarse? En el budismo el suicidio no es la muerte definitiva, es un cambio de estado. La muerte definitiva es un privilegio que sólo está reservado a los que han alcanzado el estado de buda. Por lo tanto el suicidio supone cambiar a otro estado, no desaparecer definitivamente.

Ya en los albores del budismo, hace unos 2.500 años, el suicidio estaba mal visto. Era una solución poco apropiada para huir de los problemas de la vida y que demuestra que en el fondo no se ha comprendido que este sufrimiento es pasajero. De todas formas, se sabe que el propio Buda aceptó y perdonó los suicidios de varios de sus seguidores. Vakkali y Channa se quitaron la vida a causa de una enfermedad incurable que les reportaba terribles dolores. Buda no justificó su perdón por la causas que les llevaron a cometer el suicidio, sino por que en el momento de su muerte no tenían egoísmo ni deseos y sus mentes estaban iluminadas.

Casi todas las religiones condenan el suicidio. El budismo, sin embargo, no lo prohíbe taxativamente porque no le da tanta importancia a la vida. Nos encontramos con una de las pocas religiones que no niega la posibilidad de quitarse la vida. Simplemente, cree que las razones que han de conducir a ese acto no deben deberse a las pasiones humanas.

Buda reclinado. La imagen por excelencia del budismo ha sido representada en prácticamente todo tipo de posiciones. Los expertos en simbología consideran que ésta es una forma de acercar la naturaleza de Buda al creyente.

Alcanzado ese estado, el fundador del budismo consideró que el acto no era importante.

En varias situaciones, Buda acepta el suicidio. Pero no se trata de una salida a los problemas. Un budista no puede quitarse la vida por sus deseos, por sus pasiones o por la ira o el miedo. Eso demuestra demasiado apego al mundo que verdaderamente no existe. Se pueden permitir otras razones, pero nunca las que se aferran a la vida. No hay nada malo en quitarse la vida mientras que la razón no se deba a las pasiones. Lo importante es el estado mental que se tiene en el momento de la muerte. La elección no se cuestiona. Cada cual puede hacer lo que quiera. Sin embargo, si se ha llevado a cabo guiado por los deseos, es probable que tenga que pasar más vidas antes de alcanzar el *nirvana*. O que arrastre una herencia kármica negativa. De todos modos, si el suicidio se ha cometido en un momento en que la persona había alcanzado un estadio elevado es muy probable que pase a la siguiente vida sin que ese hecho haya repercutido en lo más mínimo.

LOS MANDAMIENTOS BUDISTAS

Hasta ahora hemos tratado la filosofía del budismo. Hemos abordado conceptos genéricos a través de los cuales los seguidores de esta religión estructuran su visión del mundo. Pero, ¿cómo se pasa de lo abstracto a lo concreto? ¿Cómo viven los budistas para aplicar en el día a día su doctrina?

La respuesta a esta cuestión no es única. Todo dependerá de varios condicionantes. Por una parte, los preceptos, normas y celebraciones variarán de una escuela budista a otra. Más adelante veremos las diferentes ramas de esta religión, pero en este capítulo intentaremos dar unas nociones generales de lo que se exige en este culto, sin adentrarnos en las particularidades de cada subgrupo.

Otra de las variantes dependerá del grado de implicación que se adquiera. Es diferente ser «simpatizante» de esta teoría que ser un monje budista en toda regla. Unos tendrán unas obligaciones y los otros tendrán que ampliar, forzosamente, su compromiso. Por tanto, en este capítulo también intentaremos diferenciar qué es lo que ha de cumplir cada cual dependiendo de su grado de vinculación con el budismo.

> Las múltiples ramas del budismo tienen diferentes mandamientos. Todos siguen un principio: conseguir que el seguidor esté cada vez más cerca de la iluminación. Las vías son múltiples y Buda siempre dijo que no se han de acatar, sino que se ha de experimentar para encontrar el camino que a cada uno le va mejor para alcanzar el objetivo final.

Casi la totalidad de las religiones tienen una serie de mandamientos que sirven para garantizar una buena coexistencia social. No matar o no robar, por ejemplo, son los que aparecen en todas las religiones. De cierto modo responden a una lógica clara: no quieras para los demás lo que no quieres para ti.

Estos mandamientos sirven para estructurar la sociedad. Los códigos jurídicos son, en la mayoría de los casos, posteriores a la aparición de la religión. Por lo tanto, ésta asume, en sus albores, la obligación de crear una sociedad justa que pueda por lo tanto evolucionar.

De esta forma, bajo la excusa de lo divino, se crea una moral y un código ético de valores que facilitan la convivencia. El hombre, al pertenecer a una religión, se sociabiliza y en consecuencia tiene que prescindir de sus instintos salvajes, primitivos o naturales.

En el resto de las religiones estos mandamientos se estructuran desde un punto de vista dogmático, por definirlo de alguna manera. Es decir, la divinidad considera que aquello está mal y para no contrariarla o despertar su ira uno debe obedecer sus dictados. De esta forma el hombre es bueno porque Dios le obliga a ello. A la sazón, esos valores religiosos acaban siendo sociales y por tanto quebrantarlos supone granjearse la enemistad de la deidad y de los demás miembros del grupo.

Sin embargo, la concepción de los mandamientos dentro del budismo tiene interesantes puntos diferenciales con este razonamiento. Esta religión presenta la ruptura de los mandamientos como un mal contra uno mismo y su seguimiento como una forma de beneficio inmediato.

Aclararemos este punto con algunos ejemplos. Por ejemplo, si somos generosos, nos olvidamos de nosotros mismos. De esta forma, perdemos conciencia de nuestro *ego* y somos capaces de avanzar en la idea de que nuestra identidad es un artificio. Sin embargo, en el caso contrario, cuando somos egoístas, delimitamos claramente las fronteras del «yo» y por tanto nos apartamos del camino que nos conducirá a la liberación del sufrimiento.

Con el odio, por citar otro ejemplo, ocurre lo mismo. Si odiamos a alguien, nos definimos en contra de él. Esa persona se aleja de nosotros y aislamos y reforzamos la idea del yo. Sin embargo, cuando amamos a todo el mundo estamos más cerca de anularnos para formar parte del todo universal.

Por lo tanto, la particularidad de los mandamientos budistas es que no son dogmáticos. No nacen del temor al castigo ni de la misericordia impuesta. Constituyen una forma razonable y comprensible de alcanzar el objetivo final de esta religión: rehuir el sufrimiento.

Se supone que en un principio uno debe razonar y comprender que esos mandamientos son el mejor camino que puede seguir para alcanzar la iluminación. Sin embargo, se cree que, con el tiempo, cuando uno ya esté en la senda budista, entiende que aquélla es la única forma de obrar. En cierta forma no tiene ni que conocer los mandamientos porque los cumple de una manera inconsciente. Uno no pondría la mano en una hoguera porque sabe que se quemaría. De igual modo, a un budista no se le ocurriría inflingir ninguno de estos preceptos porque sabe que conllevaría un perjuicio directo contra él.

Esto resulta básico porque los mandamientos no son órdenes que se tengan que cumplir a rajatabla. Según los budistas, la obligación de seguirlos podría crear sentimientos

---

Los mandamientos, tal y como indica su nombre, suelen ser mandatos, dados por la divinidad, que deben cumplirse. Sin embargo, en el budismo son la forma lógica de evolucionar, de soslayar el dolor de este mundo. Por ello se cree que, si no estuvieran escritos, sería lo mismo. Cualquiera que iniciara el camino de Buda los descubriría de forma intuitiva y comprendería que seguirlos le reporta muchos beneficios para su crecimiento espiritual.

de culpabilidad cuando no fuera posible hacerlo, y eso sería tan perjudicial como no respetarlos.

Los mandamientos budistas no han de crear ansiedad ni suponer un sacrificio. Han de adaptarse a la vida de forma natural hasta que llegue un momento en que su cumplimiento se nos presente como la mejor alternativa posible. Uno no ha de lamentarse por haberse salido de la norma, pues ese sentimiento culpabilizador es igual de negativo o incluso más que la falta cometida.

MANDAMIENTOS LAICOS

En los preceptos budistas se han de distinguir, como se explicaba al principio de este capítulo, entre los que tienen que cumplir los laicos y los que tienen que seguir los monjes.

Los mandamientos laicos son cinco: no matar, no robar, no mentir, no tomar sustancias tóxicas y no llevar una vida sexual incorrecta. Éstos marcan una conducta moral y beneficiosa para uno mismo. A partir de ahí, encontraremos nuevos mandamientos que son más específicos para los que ya han iniciado su camino dentro de un monasterio budista.

Estos mandamientos son mucho menos dogmáticos de lo que parecen a simple vista. Se admiten interpretaciones y, en algunos casos, incluso excepciones. En el budismo nada es inmutable. Todos los textos y todas las recomendaciones están sujetas a la experimentación particular de cada cual.

Para los laicos, es decir los miembros que no consagran su vida al budismo, pero siguen a su manera la senda marcada por esta religión, el cumplimiento de los mandamientos es una forma de entrar en la religión. Al analizarlos y comprender su verdadero significado ya se lleva a cabo un proceso de inmersión en la filosofía budista.

Creemos importante repasar los mandamientos uno a uno para comprender su verdadero significado y su razón de ser dentro del cuerpo de la doctrina que enseñó Buda.

NO MATAR SERES SINTIENTES

Como ya se ha comentado, el budismo es la religión más pacífica que existe. En este mandamiento no se admiten excusas como la defensa propia. Es mejor morir que matar. Pero no por una cuestión moral. Si matas, arrastras un *karma* negativo. Tus acciones tienen una consecuencia nefasta que acabarás pagando en esta vida o en las siguientes.

Matar es tomar conciencia de uno mismo. Es la expresión máxima del odio, que es una de las emociones que más nos apegan a esta existencia y por tanto al dolor. Matar en defensa propia sería hacer lo mismo guiado por otra emoción igualmente perjudicial para nuestro crecimiento personal: el miedo.

El respeto hacia la vida en el budismo es absoluto. Pero lo es de una forma lógica, no como una imposición. Matar a alguien es directamente hacerse daño a uno mismo. Este principio también puede aplicarse a cualquier expresión de violencia.

Sin embargo, en este punto resulta necesario analizar el concepto «seres sintientes». ¿Qué es un ser sintiente? Es una definición budista semejante a la de seres vivos. ¿Pero cuáles son éstos dentro del budismo?

Esta cuestión acarreó un largo debate y de hecho hay algunas ramas de este culto que mantienen posturas divergentes al abordar esta cuestión.

En los albores de esta doctrina, los monjes debatían si las plantas se podían considerar seres sintientes. Finalmente se zanjó la cuestión afirmando que son aquéllos que pueden tener un objeto de conocimiento. De esta forma, a grandes rasgos, se limita a los animales con sistema nervioso.

Por lo tanto se excluye a las plantas, que pueden servir para la alimentación humana. Este detalle hace que los vegetales sean muy honrados, ya que permiten que el hombre sobreviva. De todos modos si, por ejemplo, los avances científicos demostraran que las plantas tienen algún tipo de conciencia, los budistas ya no podrían arrancarlas. Esta doctrina está sujeta a cambios continuos dependiendo de los descubrimientos que se lleven a cabo. De esta forma, se adapta constantemente a los tiempos que corren.

Algunos maestros budistas y algunas ramas de esta creencia pueden también matar animales marinos, puesto que consideran que éstos no poseen el nivel de conciencia que exige su doctrina. Algunos, por lo tanto, pueden ser semi-vegetarianos, es decir, pueden incluir pescado o algunos tipos concretos de animales marinos en su dieta.

En cambio, no se puede matar a un animal terrestre. El budismo cree que un espíritu puede reencarnarse en ellos. Los animales de este tipo sienten y conocen, tienen la naturaleza budista para poder despertar, pero no la reconocen. La parte positiva de todo esto es que al no tener conciencia, no sufren por las ataduras del *ego* o del yo. Sin embargo, en el momento que se les procura cualquier tipo de sufrimiento son conscientes de su identidad y del dolor, y por lo tanto se condenan a una reencarnación peor en otra vida. Hacer sufrir a un animal significa apartarlo del camino budista que sigue desde una forma de vida inconsciente.

Existen relatos de maestros budistas que intentaron enseñar a los animales el camino de la iluminación para que consiguieran mejorar su *karma* en sus subsiguientes vidas. Sin embargo, no es una tarea propia o habitual de los monjes de este credo.

Por otra parte, la presencia del hombre acaba con la vida de minúsculos animales. No se puede controlar, por ejemplo, que pisemos hormigas, por citar un ejemplo claro. Esas muertes de minúsculos seres, aunque no sean intencionadas, revierten en nuestro *karma*.

¿Son, por tanto, todos los budistas vegetarianos? Sí y no. Los budistas más fieles al dogma deberían serlo. Ellos no pueden matar, pero en la actualidad nadie se va a cazar un animal para convertirlo en filete. Son otros los que llevan a cabo esa acción y nosotros tan sólo deglutimos el cadáver del animal muerto.

Desde este punto de vista, comer carne no es pecado siempre y cuando no hayas matado tú mismo al animal. En algunos relatos se narra que Buda tomó carne en varias ocasiones. Por lo tanto, ingerir este alimento no es algo completamente prohibido.

Pero por otra parte, los defensores del vegetarianismo esgrimen otro argumento: si hubiera menos demanda de carne, se matarían menos animales. Eso nos convierte en «asesinos indirectos». Se mata porque nosotros demandamos carne. Y si se ve así esta cuestión, se impone dejar el consumo de este alimento.

En algunos monasterios budistas occidentales se aplica la lógica y la flexibilidad. Por ejemplo, habitualmente se intenta ingerir únicamente una dieta vegetariana. Sin embargo, en épocas que el trabajo en el campo es muy duro y las temperaturas muy bajas, se permiten tomar carne para conseguir una fuente de energía adicional.

Por lo tanto, el precepto de no matar es inquebrantable en cuanto se refiere a cometer el acto asesino. Sin embargo,

---

Todos matamos seres o formas de vida diferentes sin quererlo. Y ello repercute en nuestro *karma*. Sin embargo, el asesinato consciente es fruto de emociones que no deberíamos experimentar. Por ello, es tan perjudicial para nosotros como para la persona que matamos. Algunos maestros budistas ponen el siguiente ejemplo: si cuando pegáramos a alguien sintiéramos en nuestra carne el dolor del golpe, no lo haríamos. Para un budista ocurre exactamente eso: el sufrimiento que provocamos pasa a nosotros. Ésta es una razón de peso para abstenerse de hacerlo.

las acepciones son más laxas cuando no se carga directamente en el karma con ese crimen.

NO ROBAR

Los budistas aclaran este concepto en la frase «no tomar lo que no nos es dado». De esta forma, el concepto se amplía. No se trata simplemente de no sustraer bienes que no nos pertenecen, sino también de no codiciar aquello que no tenemos.

Por lo tanto, dentro de este mandamiento genérico, podríamos encontrar otros muchos que en otras religiones aparecen pormenorizados: no envidiar, no codiciar, no querer, no, en definitiva, poseer.

Este matiz es mucho más importante de lo que parece. El robo, sin lugar a dudas, crea sufrimiento en los otros. Esto, evidentemente, revierte en un *karma* negativo para el que lleva a cabo esta acción. Ésta sería la primera lectura del mandamiento. Pero hay otras.

No robar es una forma genérica de denominar a la necesidad de no sentir apego hacia las cosas materiales. Es tan negativo, aunque socialmente no tenga el mismo valor, que robemos algo como que compitamos para conseguir un ascenso en nuestro lugar de trabajo.

El budismo intenta que no sintamos apego hacia los sentimientos, que no nos dejemos llevar por las emociones. En este punto, querer algo que no podemos conseguir supone frustración, tristeza, rabia e incluso odio o enojo hacia la persona que sí tiene aquello que ansiamos. Por lo tanto, querer tener algo que no tenemos es una fuente de insatisfacción y de emociones negativas que nos encadenan a nuestra naturaleza humana y que no nos permiten crecer.

Si las emociones son negativas, aún lo son más los bienes terrenales. En el mundo de la felicidad perdurable no existen. En cierta forma, los objetos nos encadenan a un mundo inexistente. El budismo quiere cortar los vínculos con esta realidad ficticia. Por ello, querer cosas materiales resulta perjudicial para nuestro proceso de crecimiento. Los objetos nos encadenan a las mentiras de este mundo, que nos condenan inexorablemente al dolor.

Todo ello hace que no robar no se limite únicamente a una acción delictiva. La acepción de este mandamiento es, por tanto, mucho más amplia de lo que cabría imaginar. No es tan sólo una norma social que permite una buena convivencia, sino que de nuevo se trata de una acción que juega en nuestra contra y que por tanto es mejor evitar.

NO MENTIR DELIBERADAMENTE

Al igual que en los casos anteriores, nos hallamos ante un mandamiento que es mucho más de lo que parece a simple vista y que admite muchos más matices y excepciones de lo que imaginamos.

La mentira causa sufrimiento a los demás. El engaño hace daño a los que nos quieren. Por lo tanto debemos evitarla siempre y cuando su empleo conlleve esa consecuencia.

Sin embargo, al igual que en el cristianismo, se admite el concepto de «mentira piadosa». Es decir, si no decir la verdad supone un bien, es mejor no hacerlo. Lo importante es evitar el dolor, la forma dependerá de cada caso y cada uno deberá saber cuál es el mejor método para alcanzar en cada momento esta finalidad. Por ello no pueden haber normas inflexibles.

Y todo lo dicho nos lleva a una reflexión más profunda: ¿Qué es la verdad? Si no existe realidad dentro del budismo es muy difícil encontrar una definición adecuada para el concepto de verdad. Sin embargo, uno no puede justificarse en un juego de palabras y conceptos para justificar el embuste.

Cada cual sabe cuándo está empleando una mentira para fines propios, para eludir responsabilidades, para embaucar a los demás. En este sentido, la mentira se condena en la medida que se presenta como un vehículo que conduce a emociones perniciosas y, en definitiva, al sufrimiento.

El budismo también señala que en el caso de producirse una mentira, deberá intentarse arreglar lo antes posible. Es decir, si mentimos por alguno de esos sentimientos perjudiciales, deberíamos admitirlo e intentar rectificar el mal hecho.

Ésta es una posibilidad que es recomendada en la mayoría de las religiones, pero que es mucho más fácil de aplicar en el modo de vida budista. Si un cristiano, por escoger un ejemplo cercano, miente, le resulta difícil reconocerlo. Por una parte, debe reconocerse a sí mismo como mentiroso, lo que resulta humillante. Después debe admitir que ha atentado contra un principio social y religioso. Su visión dentro del grupo queda deteriorada y la sinceridad de confesar la falta no suele compensar.

La mentira es una forma de encubrir sentimientos negativos y por tanto es un instrumento para dañar a los demás. En cambio, si es la única alternativa para no causar dolor, no hay nada malo en emplearla. La mentira en sí misma no es mala ni buena, puesto que la verdad de este mundo no existe. Su utilización es la que le confiere valores negativos, es decir, perjudiciales para uno mismo.

Sin embargo, desde el punto de vista budista, es completamente diferente. Cuando el mentiroso confiesa está dando un paso adelante en su camino de iluminación. Es cierto que ha tenido un resbalón, pero la víctima más grande del mismo es él, por lo que los demás no le juzgarán. Su *karma* ya le pasará factura, por lo que despierta más compasión que rechazo.

NO INGERIR SUSTANCIAS INTOXICANTES

Este mandamiento está presente en la mayoría de doctrinas. La razón cae por su propio peso. Cuando uno no es plenamente consciente de sus actos es mucho más fácil que infrinja el resto de los mandamientos y por lo tanto atente contra el orden establecido. Este tipo de sustancias pueden alterar la conciencia y dar lugar a comportamientos poco sociales como la agresividad, la promiscuidad e incluso pueden hacer que alguien caiga en el delito.

De todas formas, según varios antropólogos, por mucho que la religión prohíba el empleo de drogas, cada sociedad tiene unas culturalmente aceptadas que son las que permiten que los miembros de la misma puedan acceder a un estado más desinhibido en momentos puntuales.

Según estas teorías, el problema de la drogadicción consiste en incluir drogas que pertenecen a otra cultura. Por ejemplo, el alcohol sería la sustancia intoxicante por excelencia dentro de la cultura occidental. De esta forma, si no se abusa excesivamente, se puede reservar para celebraciones puntuales que resultan catárticas. El problema, sin embargo, surge cuando se emplea la sustancia de otra civilización: por ejemplo, la heroína o la cocaína.

Si miramos el ejemplo al revés, comprendemos el mal que puede hacer esta interferencia. Por ejemplo, las tribus amerindias. Ellos empleaban drogas como el peyote para sus rituales y éstas encajaban perfectamente en su estructura social. Sin embargo, cuando el hombre blanco les hizo probar el whisky se desfragmentó totalmente su sociedad. De hecho, se cree que la mal llamada conquista del oeste de Norteamérica la ganó el alcohol y no el Séptimo de Caballería.

Volviendo a la cuestión que nos atañe, casi todas las religiones permiten el uso de algún tipo de droga, aunque censuran su abuso, puesto que es fuente de conflicto social y puede llevarnos a incurrir en otros pecados.

En este sentido, el budismo contiene ese razonamiento, pero de nuevo lo amplía. Si el mundo es ficción, las drogas crean un mundo virtual sobre ese que ya es de por sí irreal. De esta forma se dificulta mucho el acceso a la Sabiduría y a la Verdad.

La atención es fundamental para seguir el camino de la Iluminación y las drogas rompen con esa concentración, nos separan del camino con sensaciones y emociones engañosas.

Además, las drogas pueden producir una felicidad totalmente pasajera que nunca perdura. Su efecto dura poco y por lo tanto nos condena rápidamente al sufrimiento, que es lo que se ha de evitar a toda costa. Cualquier parche que no sea la felicidad absoluta que procura la Iluminación acaba siendo causa de dolor.

Siguiendo con la filosofía de evitar el sufrimiento, hay una razón más clara: las drogas pueden producir dolor. Hablamos del mal físico. El ejemplo más tópico y a la vez clarificador es la resaca. Si bebemos, padecemos migraña. Por tanto cualquier cosa que produzca algún tipo de padecimiento es algo que debemos rehuir.

La prohibición de las drogas es un concepto que intriga a muchos antropólogos, sobre todo al comparar el budismo con otros credos. Todas las religiones que suelen tener una parte mística no excluyen radicalmente el uso de sustancias alucinógenas. Por ejemplo, en los ritos chamánicos se emplean para que el iniciado acceda a un estado diferente de consciencia. De este modo, se conoce el objetivo final. A lo largo de su vida deberá luchar por alcanzar ese estado revelador sin ayuda de ninguna droga.

La primera escisión budista se debió al vino de palma. Varias congregaciones de monjes lo empleaban y quedó prohibido taxativamente por la doctrina. De esta forma, los monjes que creían que su empleo no debía estar prohibido, se separaron de la rama central. Sin embargo, este grupo duró poco.

Sin embargo, el budismo no se adscribe a esta costumbre tan extendida en el seno de las religiones a las que podríamos denominar místicas. La diferencia fundamental es que el budismo es un camino lento en el que no hay atajos. El estado que se consigue no es a través de la mente humana, por lo que alterarla no sirve de nada. Se llega a una fase superior cuando se conecta con el cosmos, con la verdadera organización del mundo. Y, evidentemente, esa totalidad no puede estar contenida en una pastilla, una hierba o cualquier otro tipo de sustancia que haya en este mundo.

NO LLEVAR UNA VIDA SEXUAL INCORRECTA

El tema de la sexualidad dentro del budismo es mucho más complejo de lo que imaginamos. En este apartado se contemplarán los diferentes argumentos que mantienen las distintas escuelas budistas.

En general, las religiones tienden a prohibir la sexualidad que no tenga como finalidad la procreación. De esta forma, el sexo se convierte en un acto físico, pero no se contempla el placer.

Esto ocurre, sobre todo, en las doctrinas occidentales. El máximo exponente sería el catolicismo. No se pueden emplear preservativos porque de esta manera no se lleva a cabo el acto con la finalidad de tener hijos, por lo que es inadmisible. Del mismo modo, tampoco se pueden admitir las prácticas homosexuales, puesto que éstas son destinadas únicamente al disfrute de sus participantes.

Todo esto ha calado hondo en la sociedad occidental. El sexo, desde la antigüedad, se ha visto como un vicio, una práctica condenable. Los hombres y mujeres que se han entregado a él han sido perseguidos o vilipendiados durante siglos.

Paradójicamente, este pensamiento ha servido para darle una importancia capital a la vida sexual, que debería ser una esfera íntima sin mayor trascendencia. Para clarificar este concepto, basta con mirar cualquier revista de la prensa rosa. Nos interesa en exceso quién se ha acostado con quién y, si se pueden obtener detalles escabrosos, mucho mejor.

La doble moral occidental se está relajando, pero el sexo, como objeto prohibido que fue, sigue siendo también objeto del deseo. Esto crea una dualidad que en definitiva concluye con conferirle al sexo una importancia desorbitada: ya sea en su negación o en su abuso.

El budismo, al nacer en el seno del hinduismo, tiene un concepto totalmente diferente. Por ello el mandamiento está abierto a muchos matices: «no llevar una vida sexual incorrecta».

Esto no significa la negación de las relaciones sexuales, pero sí de aquéllas que nos puedan dañar. Por ejemplo, el adulterio sería una de ellas. Engañar, mentir, hacer daño a una persona que nos quiere... Eso provoca sufrimiento y por lo tanto nuestro *karma* se resiente. Tener relaciones con menores o violar a alguien entraría claramente en el calificativo de «vida sexual incorrecta».

Sin embargo, a partir de aquí, todo está permitido, siempre y cuando nadie salga mal parado. De esta forma, el sexo no tiene la finalidad de la reproducción.

Dentro del budismo no estarían mal vistas prácticas que el resto de religiones condenaría. La homosexualidad, una orgía, una relación entre tres personas, etc., no tienen que ser en sí malas si no producen dolor a ninguno de sus participantes.

El sexo para el budismo no tiene que ver con la procreación. Que sea empleado para ella o no, no cambia la cuestión. Si el sexo resulta dañino para alguien, entonces sí que es preocupante. También si nos acerca demasiado al mundo, a las emociones de las que debemos huir para encontrar el camino de la iluminación.

Sin embargo, también se puede entender por «incorrecta» la vida en la que el sexo se convierte en una obsesión. La pasión y el deseo son sentimientos que nos apegan al mundo, que provocan emociones fuertes y que procuran una felicidad pasajera. Interpretando al pie de la letra esta máxima se debería renunciar al sexo. O al menos a aquel que despertara demasiados sentimientos de apego al mundo.

Algunos estudiosos del tema consideran que el sexo no está prohibido, pero sí que lo está lo que llamaríamos «morbo». Las relaciones sexuales han de ser un acto de amor, de generosidad y no deben tener ninguna doblez.

Como ya se ha dicho al principio de este apartado, todo esto varía dependiendo de la escuela en la que nos centremos a la hora de examinar la cuestión.

Existe una vertiente de budismo llamado tántrico. Estas enseñanzas suelen partir del hinduismo, pero con el tiempo también se han mezclado con el budismo. El tantra es un concepto muy amplio y Occidente se ha quedado únicamente con su forma de abordar el sexo. Dentro del tantra existen ejercicios para prolongar el coito evitando la eyaculación. Éstos son los que sin duda más difusión han tenido en el mundo occidental.

Sin embargo, la filosofía no se puede trivializar adoptando tan sólo unos trucos para «durar más» que tan tentadores son en la portada de cualquier revista. El tantra es una forma de acercarse a la divinidad y uno de los caminos puede ser el sexo. La fusión de lo femenino y lo masculino, la renuncia al yo en pos de una totalidad son conceptos que se pueden adaptar perfectamente al budismo.

En esta rama también se tratan posturas y puntos vitales que convierten el sexo en una experiencia mística que poco tiene que ver con las pasiones mundanas de la carne.

EL CAMINO DE BUDA

Tras la Iluminación, Buda reveló las Cuatro Nobles Verdades y el Óctuple Sendero para que sus seguidores pudieran librarse del dolor que provoca la vida.

Éste es el cuerpo central de las teorías del budismo. Es cierto que después existen muchos más documentos sagrados, explicaciones filosóficas y profundizaciones en los métodos budistas. Sin embargo, las Cuatro Nobles Verdades y el Óctuple Sendero siguen siendo la base de esta religión.

La clave de su, podríamos decir, éxito, se encuentra con toda seguridad en su sencillez. Buda las reveló en su primer discurso y desde ese momento quedó claro el tipo de doctrina que estaba estableciendo. No se trataba, pues, de presentar un credo que sólo pudieran seguir eruditos, nobles o ricos. La simpleza y profundidad del discurso hacían que cualquiera se pudiera sentir atraído hacia él.

Tras su iluminación, Buda reunió a los monjes con los que compartía su ascetismo y dio el famoso discurso de Benarés, en el que explicó las Cuatro Nobles Verdades y el Óctuple Sendero. Los estudiosos coinciden en señalar ese momento como el inicio del culto budista.

Al igual que Jesucristo, Buda predicó entre los más pobres y entre los más ricos. Jesús creaba parábolas y Buda intentaba poner claros ejemplos para que la gente no se perdiera siguiendo complicadas explicaciones.

Para un occidental, las Cuatro Nobles Verdades y el Óctuple Sendero siguen entrañando ciertas dificultades de comprensión. El planteamiento es sencillo, pero el camino está lleno de matices que a veces cuesta comprender. Por ello hemos creído adecuado explicar una a una las partes de este discurso que sirvieron para articular la doctrina del Budismo.

EL CAMINO MEDIO

Para entender la doctrina esencial de Buda, hemos de comprender cómo llegó hasta ella. Éste punto es básico, puesto que es completamente diferente al resto de las religiones.

Buda alcanzó estas Verdades después de una meditación profunda. No hubo ningún dios ni nadie que le proporcionara esta información y le pidiera que la predicara. Con ayuda tan sólo de su mente y de la meditación, Gautama consiguió dar con las verdades y el sendero que nos ayudarán a huir del dolor.

El Camino Medio, marcado por las Cuatro Nobles Verdades y el Óctuple Sendero, es una forma nueva de concebir la vida. Si el hombre es capaz de encontrar este camino, podrá soslayar el sufrimiento al que ha sido condenado por su naturaleza humana y perecedera.

Éste punto es muy importante, porque Buda marca un camino universal. Según su teoría, cualquiera que medite y que conecte con su interior podrá llegar a la misma conclusión. Adelantarla sirve para que el practicante empiece su camino con algo de información y no pierda tiempo buscando el modo de empezar.

Para Buda, las Cuatro Nobles Verdades y el Óctuple Sendero marcaban un camino que rehuía el exceso y las privaciones. Era lo que él llamó el Camino Medio.

Para hacer comprender todo esto, puso un ejemplo muy clarificador. El hombre es como un tronco que navega por en medio de un río. En una orilla están las privaciones, ese ascetismo feroz que él mismo practicó y del que luego renegó. En la otra parte nos encontramos con el exceso, todo aquello que parece hacer feliz pero que no es otra cosa que engaño. En el caso de Buda fue la vida que llevó durante veintinueve años en su palacio, rodeado de lujo y protegido de la triste realidad. Pues bien, ese tronco se ha de mantener en el centro y así podrá circular por el río. Si se deja atrapar por alguna de las dos orillas, se quedará anclado y se pudrirá.

De este sencillo modo se explica que aquellos que se dejan llevar por las privaciones o por los excesos, no pueden ser felices. Además, su visión del mundo es parcial. Desde un lado u otro de la orilla sólo se ve una parte del río. En cambio, el tronco que sigue el Camino Medio puede explorar y saber cómo es de verdad el río en toda su magnitud.

PRIMERA NOBLE VERDAD: EL SUFRIMIENTO EXISTE

En las traducciones pali que nos han llegado, se refieren al sufrimiento con la palabra *dukkha*. Su significado es mucho más amplio y no sólo significa sufrimiento o dolor, también es pena, aflicción, imperfección, impermanencia e insustancialidad. De esta forma nos vamos centrando en la acepción más típica del budismo, que habla de la fugacidad de los sentimientos.

Según Buda, en esta vida estamos unidos para siempre al dolor. Incluso en los momentos en los que creemos que somos felices, hay esa sensación de que finalmente todo acabará y que volveremos a ser desgraciados.

A priori parece pues que la visión budista del mundo no puede ser más pesimista, pero esto no es así. Gautama explica lo que ocurre, no como un mal irreparable, si no como la base para alcanzar un conocimiento más profundo y duradero.

Al pensar en esta cuestión, se analiza el mundo desde otro punto de vista. Para el budista estas conclusiones son muy importantes y ciertamente inician el camino para cesar en el sufrimiento. Si uno es capaz de abstraerse y pensar sobre el dolor, deja de sentirlo. Ya no lo siente, sino que lo estudia.

Este paso es fundamental para separarse del dolor. Por ello, aunque la primera verdad es tan importante. Uno deja de ser el centro y se convierte en observador. Así se accede a un conocimiento más amplio y universal.

El hombre se pasa la vida intentando huir de aquello que le hace daño. Cuando lo consigue, se considera feliz. Sin embargo, esa carrera contra el dolor no es algo que esté en sus manos. Depende de factores externos. Y éstos siempre juegan en su contra. Todos los refugios que encuentra son perecederos y por tanto le vuelven a condenar al estado de padecimiento sin que pueda hacer nada por evitarlo.

En este sentido, Buda define la vida como: nacimiento, trabajo, separación, vejez, enfermedad y muerte. Todas las etapas están llenas de dolor. Por lo tanto, las escapatorias que hay de ellas son pocas y duran aún menos.

Todo esto enlaza con la visión que hizo que Buda abandonara su vida palaciega: observó a un enfermo, a un viejo y a un muerto. Todos pasaremos algún día por esos estados. Por tanto, todos, por muy bien que hagamos las cosas, sufriremos por intentar evitar algo que es inevitable.

Ahí está la fuente del dolor: los estados de felicidad son efímeros y tras ellos se esconde el sufrimiento de nuestra existencia.

Una vez se comprende eso, el resto de la filosofía budista, en cierta forma, se entiende muy fácilmente. Está claro que si llevamos la vida que nos hemos o nos han marcado

---

La vida es sufrimiento. Esta aseveración permite iniciar el camino budista. De hecho, es la que crea el resto de la filosofía. Cuando uno descubre que por las vías que le han enseñado será siempre infeliz, tiene que buscar otras respuestas. Por lo tanto la Primera Noble Verdad es la que muestra la necesidad del camino budista.

La meditación es una de las prácticas habituales en el budismo. La riqueza de variantes meditativas permite que dicha disciplina pueda realizarse casi en cualquier situación.

acabaremos padeciendo. Por lo tanto se tiene que encontrar una solución que vaya más allá de la concepción clásica de intentar infructuosamente ocultar el dolor.

SEGUNDA NOBLE VERDAD: LA CAUSA DEL SUFRIMIENTO ES EL APEGO AL DESEO

Como ya se ha explicado, el budismo no busca ni el origen del mundo ni la causa por la que los hombres han llegado a él. Todos estos datos, que suelen definir a cualquier religión, están ausentes en ésta. De nada sirve conocer toda esa información, puesto que no tiene utilidad práctica a la hora de alcanzar el objetivo último de este credo: dejar de sufrir.

Por lo tanto, lo importante es ahondar en las causas del sufrimiento. Conocer su origen, cuándo se acentúa y cómo se puede soslayar. En esa «investigación» aparece el concepto de apego.

¿Por qué sufrimos? Pues porque nos aferramos a las cosas que nos acabarán provocando dolor. Todas las vías que tenemos para conseguir la felicidad pasan por el deseo, la pasión y lo que los budistas llaman «la sed de vivir».

Cuantas más ganas tenemos de huir del dolor y acercarnos a la felicidad, más atrapados estamos por un círculo que no nos reporta más que padecimientos.

La «sed de vivir» es la razón que provoca todos los sentimientos nocivos. El apego a la vida, la esperanza frustrada de prolongar la felicidad, las ganas de aferrarse a los bienes materiales es lo que conduce ineludiblemente al sufrimiento.

La gran diferencia con el resto de religiones es que no se censura tan sólo las emociones negativas. Evidentemente, el odio, la envidia, los celos, la agresividad, causan dolor, tanto a los otros como a uno mismo. Esos sentimientos provocan ansiedad y tristeza, puesto que nunca consiguen una culminación, un estado de tranquilidad en el que no haya ni rastro de dolor.

De todas formas, no son sólo estos los sentimientos que provocan padecimiento. Los que socialmente son considerados positivos también crean emociones perjudiciales. En cierta forma, son el reverso de la moneda de los otros, pero la conclusión final acaba siendo la misma. El deseo o la pasión, por ejemplo, precisan de un desgaste que no conduce a nada: tarde o temprano acaban.

Del mismo modo, el concepto clásico de amor también resulta prejudicial. El budismo es la religión del amor, pero se trata de un sentimiento universal hacia todo el mundo y de tal forma que el egoísmo y la conciencia de uno mismo desaparecen. Sin embargo, si sólo se dedica a una persona y nos preocupa, sobre todo, cómo nos hace sentir, estamos condenados al sufrimiento. Nuestra felicidad vuelve a no estar en nuestras manos. No dependemos tan sólo de lo que damos, si no de lo que recibimos y por tanto estamos expuestos a sufrir. Ése es el concepto de amor que se admite socialmente y del que el budismo reniega.

Por tanto, el budismo no crea reglas sociales, no tiene mandatos que simplemente aboguen por la buena convivencia del grupo. El tratamiento de esta cuestión es mucho más profundo y llega a la misma conclusión desde un punto de vista mucho más sólido. Las emociones, tanto buenas como malas, son un pasaporte directo al dolor. Por tanto, se tienen que buscar sentimientos más elevados que tanto beneficien a los otros como a nosotros mismos.

Este pensamiento es el más difícil de digerir en el marco de la civilización occidental. Nuestra sociedad considera que la fuerza vital es la que nos conduce al desarrollo. La pasión por vivir es el valor mejor considerado. El consumismo, por ejemplo, es una versión de esta forma de entender el mundo. Por ello, en muchas ocasiones, cuesta, desde nuestro punto de vista, entender la filosofía budista. Hemos sido educados para ser activos, participativos, para conseguir metas, para sortear obstáculos. Y lo hacemos de cara a la galería. Nuestros logros tienen el beneplácito de los demás o su rechazo. El budismo rompe completamente con esta concepción. Si no se conocen las motivaciones internas de este culto, parece que nos empuje a una indeseaba pasividad. Ésta es una visión superficial, pero es la que lamentablemente se tiene en la mayoría de los casos.

El apego a las cosas o el ansia de vivir es lo que se llama *tanha*. La definición sería la siguiente: «el deseo, la voluntad de ser, de existir y volver a existir, de devenir, de acrecentar más y más, de acumular incesantemente». Todo ello demuestra que las cosas no permanecen eternamente y, al mismo tiempo, dejarse llevar por el *tanha* es lo que provoca que sigamos en la cadena de reencarnaciones como si estuviéramos atrapados en un círculo vicioso.

En la actualidad, la psicología se ha apropiado de algunos conceptos budistas. Cada vez hay más depresiones, estrés, crisis de ansiedad o enfermedades causadas por la desazón de vivir. Es cierto que resulta muy difícil adoptar plenamente el método budista a la vida occidental, pero algunos psicólogos intentan introducir conceptos que ayuden a soslayar esas emociones negativas.

TERCERA NOBLE VERDAD: EL SUFRIMIENTO CESA CON LA ANIQUILACIÓN DEL DESEO

Hasta ahora, en cierta forma, todas las anteriores verdades simplemente ordenaban el universo en el que se basará el budismo. Explicaban las razones, exploraban las causas. Se trataba, pues, de un análisis pormenorizado de la situación del ser humano en este mundo. Una radiografía desde un punto de vista que hasta aquel momento nadie se había atrevido a plantear.

En la tercera verdad encontramos una alternativa, una solución a todos estos problemas. Muchos piensan que el budismo tiende al pesimismo, a la aceptación de la derrota, pero no es así. Los estudiosos que han pasado años investigando la vida de los budistas siempre concluyen en que se trata de una de las creencias más alegres, en el sentido más amplio del término.

Por ello, pese a que el panorama dibujado por las dos anteriores verdades puede parecer un poco desalentador, en la tercera encontramos la solución, la forma de eludir ese escenario tan tétrico que se nos ha pintado.

El fin del sufrimiento es posible e, incluso, se puede alcanzar en esta vida. Ésta es seguramente la máxima más revolucionaria del budismo. El resto de credos cree también que hemos venido aquí a sufrir y que la felicidad no llegará hasta la próxima vida. Todo dependerá de si en esta hemos renunciado a suficientes cosas, nos hemos sacrificado, hemos sufrido. Sin embargo, el budismo no quiere que nadie sea desgraciado ni en esta ni en existencias futuras.

En esta Verdad se avanza ya el final: el *nirvana*, como única forma de alcanzar la felicidad. El *nirvana* es la extinción absoluta del deseo, de la identidad, de todos los sentimientos que nos conducen de una forma u otra al dolor.

La idea tiene mucho que ver, como ya se vio en otro capítulo, con el *karma*, que es la ley de la acción y reacción. Vagamos de una vida a otra para solventar los problemas de nuestro *karma*, para buscar el equilibrio. Nuestras acciones tienen unas reacciones y tenemos que recibirlas. Si no puede ser en esta vida, será en otra.

Pero mientras recibimos las reacciones del *karma* anterior también estamos llevando a cabo otras que pasarán al mismo. De esta forma, es casi imposible liberarse de la rueda de reencarnaciones, puesto que siempre queda algo pendiente.

Estas acciones las llevamos a cabo porque sentimos apego a la vida. En el momento en que equilibramos el *karma* y dejamos de generar más acciones con sus consiguientes reacciones, alcanzamos el *nirvana*. En este estado se han extinguido esos sentimientos y por tanto la felicidad es perdurable. Es también el momento en que somos conscientes de que nuestra personalidad no existe.

En los textos budistas se presentan 32 sinónimos de *nirvana*. En la actualidad se cree que esta palabra puede traducirse como: «extinción de la sed», «no compuesto», «incondicionado», «desapego», «cesación», «extinción», «tranquilidad», «la otra orilla», «del otro lado», «verdad».

Por lo tanto, el camino para conseguir la felicidad sin sufrimiento que perdura para siempre es la aniquilación del apego a la vida. Es un camino que no resulta fácil, pero que procura una recompensa tan grande que invita a emprenderlo.

Es básico entender esta idea, que es la base del budismo. Para dejar de sufrir no nos hemos de aferrar a la felicidad, sino que hemos de dejar de perseguirla y encontrar otro camino para hallar una que es mucho más perdurable.

CUARTA NOBLE VERDAD: EL CESE DE LAS EMOCIONES SE CONSIGUE CON EL ÓCTUPLE SENDERO

Las Cuatro Nobles Verdades están ordenadas de forma sencilla y consecuente. Primero se explica el problema, después su causa, posteriormente se admite que hay solución y por último se enumera la forma de solventarlo.

La Cuarta Noble Verdad tiene la función de aclarar como se puede, de forma práctica, llegar a alcanzar un estado en que no se sienta apego al mundo y que por consiguiente no se sufra.

Para conseguirlo se ha de iniciar el camino de la rectitud, de acciones que carguen nuestro *karma* de indeseadas reacciones que tendremos que saldar en una vida futura.

El Óctuple Sendero, como su nombre indica, está guiado por ocho actitudes, aspectos o etapas, como se les quiera llamar. Se han de emplear simultáneamente o se ha de utilizar una u otra dependiendo de la situación a la que nos enfrentemos.

Este camino que es la esencia de la senda budista está compuesto por:

- *Samma ditthi*: recta comprensión.
- *Samma sankappa*: recto pensamiento.
- *Samma vaca*: rectas palabras.
- *Samma kammanta*: recta acción.
- *Samma ajiva*: rectos medios de vida.
- *Samma vayama*: recto esfuerzo.
- *Samma sati*: recta atención.
- *Samma samadhi*: recta concentración.

Como se ve, en todos estos principios aparece la palabra «recto». No se ha de entender como sinónimo de estricto, puesto que el budismo no es una religión que marque reglas encorsetadas. En este caso, la palabra rectitud tiene una acepción de justo o equilibrado.

Para seguir el camino de la rectitud es necesario cumplir tres factores que conducen, por sí solos, al Óctuple Sendero. Estos tres principios capitales son:

- Conducta ética, también llamada *sila*.
- El control mental, que se denomina *samandhi*.
- Sabiduría, que recibe el nombre de *panna*.

Estas tres actitudes deben darse al unísono. De poco sirve aplicarse en una y dejar a las otras de lado. De esta forma no se estaría trabajando en el crecimiento.

La conducta ética sin sabiduría no es mala, pero no ayuda al practicante a desarrollarse desde un punto de vista espiritual. La sabiduría sin control mental degenera en una erudición vacua que puede conducir a la simple presunción. El control mental sin sabiduría acrecienta la conciencia del yo y aumenta la ilusión egocéntrica. El poder sin sabiduría genera *karma* negativo. De hecho, esta última combinación es la causante de la violencia y la guerra. Hemos de comprender que por sabiduría entendemos la comprensión de la existencia, marcada por la impermanencia, la ilusión del yo y la insatisfacción.

El camino de la rectitud budista es mucho más complejo de lo que podría parecer. No se trata tan sólo de seguir valores sociales, de no hacer daño a los demás. Es necesario ejercitar una serie de actitudes que nos ayudarán a conocernos mejor a nosotros mismos y al mundo.

El estudio del Óctuple Sendero puede abarcar toda la vida. En primer lugar el practicante puede conocerlo desde un punto de vista teórico, pero después tendrá que ejercitar su cumplimiento, cosa que no es fácil. Es necesario no dejarse llevar por los tópicos, meditar para encontrar las mejores vías que conduzcan a alcanzar los objetivos y no dejarse engañar por las apariencias.

PRECEPTOS Y CELEBRACIONES

Las costumbres, las normas (si así se las puede denominar) y las celebraciones budistas son un misterio para la mayoría de los occidentales. Así como se conocen las tradiciones del resto de credos, aunque se desconozca en profundidad su filosofía y su verdadero origen, el budismo ha pasado desapercibido.

¿Rezan los budistas? ¿Celebran ceremonias? ¿Cómo se casan si es que lo hacen? ¿Cómo honran a sus muertos? Resulta muy difícil que una persona con un conocimiento medio del tema pueda contestar a todas estas cuestiones. Por ello, hemos creído adecuado responderlas en este punto del libro.

La *sangha* o comunidad monástica empezó, tras la muerte de Buda, a ordenar el culto, a conferirle festividades y rituales. Buda, en vida, no quiso abordar esta cuestión. Sin embargo, tras su fallecimiento, la multitudinaria comunidad budista necesitaba unas normas claras para poder llegar aún a más gente.

Las ceremonias suelen ser el rito más propagandístico, por decirlo de algún modo, de las religiones. Es la forma externa que tienen de mostrarse y por tanto la que acaba en el inconsciente colectivo de los que no pertenecen a ese culto.

En este caso no nos limitaremos a verlas como un simple espectáculo, sino que profundizaremos en el tema, entenderemos el significado de lo que se ve, ahondaremos en la filosofía budista a través de sus festividades.

Como ocurre en casi todos los apartados de este libro, debemos hacer una matización. Describiremos los preceptos, festividades y celebraciones a grandes rasgos, pero se ha de tener en cuenta que éstos siempre están sujetos a cada escuela de budismo concreta. Dependiendo de la rama del budismo en que nos fijemos, encontraremos algunas diferencias significativas en el tema que abordamos.

LA ORACIÓN EN EL BUDISMO

El rezo, dentro de las religiones, se emplea como una forma de hablar con la divinidad, para honrarla o para pedirle que nos conceda algún favor. También puede ser una forma de mostrar arrepentimiento por alguna falta cometida contra las reglas del culto.

Por tanto, cabe pensar que si en el budismo no existen los dioses, tampoco tienen cabida los rezos. Sin embargo, no es así. El budismo está lleno de oraciones, *mantras* y rituales que se pueden clasificar como rezos.

El objetivo de los mismos, sin embargo, es muy diferente. No van dedicados a la deidad, sino al mundo entero. Es una práctica para irradiar amor a todos los seres sensibles del mundo, de forma que todo el mundo se beneficia de las oraciones budistas. Es como si uno dedicara todo lo bueno que tiene en su interior al universo entero.

También se pueden hacer oraciones personalizadas para una persona en concreto. De todas formas, no son únicamente dedicadas a ese ser. Las oraciones budistas se dedican siempre a la humanidad y después se concretan en una persona que es la que necesita en ese momento algo de energía positiva, de ayuda o de misericordia budista.

Los rezos, sobre todo los *mantras*, pueden tener también un beneficio. para el practicante. De hecho, en el budismo tibetano, por ejemplo, se repiten una serie de palabras y sonidos (*mantras*) que despiertan una energía

Estatua en piedra volcánica de Buda meditando en la posición del loto en el templo de Borobodur en Java (Indonesia).

Los ritos de los lamas tibetanos implican el uso de rosarios, ruedas y banderas de rezos, además de reliquias, amuletos, talismanes y conjuros místicos.

Buda dijo que cada cual tenía que encontrar su propio camino y que los maestros sólo servían para ayudar a encontrar el itinerario, nunca para marcarlo.

Estatua dorada de Buda en el monasterio tibetano de Xiahe, en la provincia china de Qinghai.

Pagoda de Shwedagon (Yangon, Myanmar). Su estupa central tiene 8.000 láminas de oro, 5.000 diamantes y 2.000 piedras preciosas y semipreciosas.

Colosal estatua de Buda reclinado en la pagoda Chaukhtatgyi, en Yangon (Myanmar).

Una de las actividades de los lamas consiste en recitar oraciones y textos sagrados, entonando himnos al compás de trompetas y tambores.

Estatua dorada de Buda con aspecto oriental (Yangon, Myanmar).

En los templos budistas de todo el mundo los devotos ofrecen incienso, flores, velas y frutas.

Ruedas de oración en el monasterio de Tashilumpo (Tíbet).

interior positiva. Si este *mantra* es repetido durante un período de tiempo lo suficientemente prolongado, la mente se abre hacia un estado de conciencia que supera a las palabras y a los pensamientos.

En general, casi todas las religiones que dedican especial atención a la meditación, acostumbran a tener oraciones y, en la mayoría de los casos, *mantras*. Normalmente, para meditar uno ha dejar la mente en blanco, ha de apartar las preocupaciones que habitualmente hacen que la cabeza se convierta en una olla exprés. Sin embargo, del dicho al hecho hay un trecho y no es fácil conseguir este propósito. Ahí entran en acción las oraciones, sobre todo en forma de cántico. Al cantar o al repetir de memoria algo, uno deja de pensar, y consigue tener la mente clara para poder entregarse al estado que propicia la meditación.

La meditación también sirve para recordar el *Dharma*, la ley budista. Cuando no se puede meditar o se tienen problemas para centrar la atención, los cantos o las prédicas pueden procurar gran paz interior, calma y sobre todo gran confianza. La repetición de la oración sirve para acumular *karma* positivo.

En el budismo japonés encontramos un rito que se parece al de las religiones occidentales. Millones de nipones rezan a Buda Amida, el buda de la Luz Infinita. Creen que este buda es el creador de la Tierra Pura de Occidente y que aquéllos que tengan fe y repitan su nombre en las oraciones conseguirán acceder a este paraíso. Sin embargo, muchos creen que el Buda Amida no es en verdad una divinidad, sino un estado al que se ha de llegar.

Las oraciones inciden directamente en el *karma* positivo. Es una de las pocas cosas que pueden servir para conseguir mejorar la cadena de reencarnaciones. En el budismo existen pocas acciones que sirvan para modificar el *karma* y ésta es una de ellas.

EL CULTO A BUDA

Como ya se ha dicho, a excepción de las matizaciones del culto japonés, la mayoría de las ramas del budismo no consideran que Buda sea una divinidad. ¿Por qué montan, entonces, altares para rendirle homenaje?

Dentro de la vida budista los altares son un punto clave. En el centro se encuentra habitualmente una escultura de Buda. Esta imagen puede estar hecha con mármol, oro, madera o barro. El material no es lo que más importa en estos casos, normalmente se debe a donaciones de seguidores que deciden el material dependiendo de sus posibilidades.

La imagen de Buda no es como la de un Dios, que está ahí para ser adorada. Las representaciones de Buda sirven para que la gente aspire a tener las cualidades del Iluminado. Es una forma de inspirarse durante la meditación.

En el altar también se pueden encontrar escrituras sagradas que resumen el *Dharma*. Desempeñan el mismo papel de guía que las imágenes de Buda. No es necesario leerlas en las ceremonias, normalmente su estudio se lleva a cabo en otros momentos.

Al lado de estas escrituras, o en algún caso sustituyéndolas, se hallan imágenes de maestros o monjes budistas. Pueden ser, incluso, fotografías del Dalai Lama o de otros líderes espirituales. Estos retratos tienen como finalidad recordar la *Sangha*, es decir, la comunidad monástica.

Los objetos que hay en altar recuerdan por lo tanto el camino de la iluminación (Buda), el *Dharma* (escrituras) y la *Shanga* (retratos de los maestros).

Las ofrendas que se realizan en los templos son flores, velas e incienso. Las flores simbolizan la naturaleza fugaz de la vida terrenal. Las flores son un buen símil de la felicidad que se puede conseguir en la tierra: parece bonita, pero está condenada a acabar.

La vela representa la luz de la iluminación. Tal y como se puede iluminar la oscuridad y ver el mundo que hay alrededor gracias a su luz, del mismo modo vivimos en un mundo de sombras y podemos ver el verdadero, el que no vislumbramos a simple vista, si se alcanza la iluminación.

El aroma del incienso refleja la expansión del *Dharma*, la verdadera realidad. De nuevo funciona una metáfora sutil. El incienso impregna todo el templo. Así es como la ley debería estar presente en la vida del budista. Debe calar en todo su sistema de pensamiento.

Otro punto interesante para entender las ceremonias budistas es saber por qué se postran delante del altar. Se arrodillan postrándose delante de la imagen de Buda para rendirle homenaje y agradecer sus sabias enseñanzas.

Cuando el practicante budista se postra frente a una imagen reconoce el hecho de que el Buda ha alcanzado la perfecta y suprema iluminación. Esta genuflexión ayuda a superar los sentimientos egoístas, a olvidarse de uno mismo y a prestar mayor atención a las enseñanzas del Buda.

El gesto consiste en hacer la reverencia de la Triple Joya. Se lleva a cabo juntando las dos palmas de las manos y alzándolas por encima del cuerpo, habitualmente a la altura de la frente. Para demostrar su profunda veneración el seguidor puede inclinarse o postrarse ante la imagen de Buda.

El culto a Buda no se aborda como el homenaje a un dios, sino como la forma de acercarse a los valores que consiguió éste. De esta forma, se diferencia del resto de religiones, en las que el seguidor se siente completamente inferior ante la divinidad. Sin embargo, el budista quiere llegar a ser Buda, cosa completamente impensable en cualquier otro culto.

CELEBRACIONES BUDISTAS

Los seguidores del budismo tienen fechas señaladas que se convierten en las celebraciones más importantes de este culto. Dependiendo de cada tradición, se celebran de un modo u otro, pero son comunes a todas las escuelas. A continuación, repasaremos el calendario de las festividades más señaladas.

EL DÍA DEL WESAK

Ésta festividad resume los tres grandes momentos de Buda: su nacimiento, el momento de la Iluminación y su fallecimiento. Según los budistas, estos tres hechos importantes tuvieron lugar el mismo día y por tanto se celebran a la vez. El mes del *Wesak* es mayo y junio y durante el mismo se llevan a cabo las principales celebraciones. Concretamente, la festividad se lleva a cabo durante la noche de luna llena del mes de mayo.

Los budistas decoran sus casas y hacen ofrendas en los templos. En todas las casas suelen poner velas, lamparillas o linternas que simbolizan la Iluminación.

Se supone que durante la celebración es más fácil acceder a la Sabiduría búdica. Sin embargo, esta etapa no es de meditación íntima. Se trata de una explosión de alegría. Es la gran fiesta de los budistas en la que demuestran su carácter sonriente.

En la tradición Theravada, durante el *Wesak* los laicos observan ocho preceptos. Muchos de éstos forman parte de los mandamientos que ha de cumplir cualquier budista, pero en esta época se han de cumplir de forma mucho más escrupulosa. Otros, en cambio, son los que deben cumplir los monjes, pero durante esta época pasan también a los seglares.

- Evitar matar directa o indirectamente.
- Evitar robar o tomar cosas sin permiso de sus propietarios.
- Abstenerse del contacto sexual.
- Evitar mentir o engañar a los demás.
- Evitar el consumo de intoxicantes.
- Evitar comer más de una vez al día. El alimento debe inferirse antes de las doce del mediodía.

• Evitar sentarse en lugares altos, camas costosas, pieles de animales o cualquier tipo de asiento que proporcione orgullo.

• Evitar usar joyas, perfumes y maquillaje, abstenerse de cantar, bailar, tocar instrumentos u otras actividades similares. De todas formas, los practicantes laicos pueden escuchar también sermones, cantar y meditar.

En la tradición tailandesa, las personas se preparan durante todo el día. Se dedican a limpiar sus casas y cuelgan arreglos de flores. Los hombres recogen arena limpia de las orillas del río y las esparcen por el patio del templo donde todos caminan descalzos.

Se aprovecha esta festividad para bajar del altar las esculturas o imágenes de Buda y los retratos de los monjes. Se limpian con sumo cuidado para renovarlas. También se hace lo mismo con las escrituras, a las que se despoja del polvo acumulado.

Cuando anochece, la gente de las aldeas se reúnen llevando velas o quinqués. La estatua más grande de Buda se coloca en las afueras del templo y se alumbra desde todos los ángulos. Los seguidores le arrojan agua perfumada y lo rodean construyendo un círculo de luz.

DÍAS DEL UPOSATHA

Son jornadas que se relacionan con las fases de la luna, con momentos concretos y especiales del calendario lunar. Reciben el nombre de *días del Uposatha*. Esta palabra significa «entrar para permanecer».

En estas jornadas los seglares deben arreglarse especialmente. Emplean generalmente elegantes túnicas blancas. Ataviados así, de forma que demuestran respeto, se les permite entrar en los monasterios cercanos al lugar donde viven.

Una vez entran en los templos, se les permite acompañar a los monjes en la meditación. Si siguen los preceptos de la vida monacal durante esos días pueden tener méritos adicionales que les acercan a la Iluminación y que les supondrá una mejora del *karma*.

ASALHA

Es el momento en el que se supone que Buda ascendió a los cielos y enseñó el *Dharma* a los dioses. Se celebra durante la estación de las lluvias. De esta forma, hay un punto de luz en un momento en el que el tiempo es muy aciago y se pueden hacer muy pocas cosas en un país asiático.

Es un momento de reflexión. Los monjes se quedan en los monasterios estudiando y meditando. Muchos creen que es comparable a la Semana Santa ya que se trata de un tiempo de introspección.

Una vez acabó el *Asalha* los monjes budistas celebran una ceremonia en la que piden disculpas a los compañeros que se puedan sentir ofendidos por sus acciones.

> Las festividades budistas son vividas de forma muy intensa. No se trata de un día festivo y nada más, como ocurre en muchas religiones. Todo el país se dedica a la fiesta o la reflexión. Las calles cambian, se metamorfosean y la gente se viste de forma especial.

FUNERALES BUDISTAS

La muerte es uno de los temas básicos del budismo, aunque no tiene la importancia que se le confiere en las religiones occidentales. El libro más importante en este sentido lo encontramos dentro de la tradición tibetana. Se trata del Bardo Thodol, conocido popularmente como el *Libro Tibetano de los Muertos*.

Se cree que este manuscrito fue escrito por el Padma Sambhava, fundador del Lamaísmo, en el siglo VIII d.C. Estas escrituras fueron ocultadas para que fueran reveladas a generaciones posteriores, cuando ya estuviesen maduras para entender su contenido. Durante la persecución del budismo por Langdarma a comienzos del siglo IX, se escondieron bajo rocas, en cuevas y en varios escondrijos.

Muchos de los guardianes de las escrituras murieron durante esta época y por tanto no pudieron explicar dónde las habían ocultado. Por ello, durante los siglos posteriores se fueron encontrando. Aún no se tiene la certeza de que se hayan encontrado todas y que no permanezcan algunas en sus escondites.

En la actualidad, el libro explica los procesos del espíritu una vez abandona el cuerpo y elige una nueva reencarnación. También es un manual que indica los rituales funerarios.

Según explica, cuando alguien muere, se le ha de arrojar una tela blanca sobre el rostro y nadie debe tocar el cuerpo para no interferir en el proceso, que dura entre 3 o 4 días. El único que puede tocar el cadáver es el monje llamado *hpho-bo* que se traduce como «extractor del principio de la conciencia». El *hpho-bo* se sienta en una silla, ordena que se cierren las puertas y ventanas y se alejen los parientes. Entonces empieza el servicio con un canto místico que contiene directrices para que el difunto alcance su camino hacia el paraíso y escape, si su *karma* lo permite, del estado intermedio, llamado *bardo*, que no permite que se libere de la cadena de reencarnaciones.

Después examina la coronilla del cadáver para determinar si su espíritu ha partido. En caso de que el cuerpo no esté en perfecto estado, el sacerdote se concentra para imaginar si ya se ha ido o no.

Tras este proceso aparece el *tsi-pa*, que es una suerte de astrólogo lama que hace una carta astral mortuoria y decide si los allegados pueden acercarse y tocar el cadáver. También escoge la modalidad y el tiempo del funeral, así como los rituales que mejor favorecerán al difunto. Los budistas siguen los rituales funerarios hinduistas, por lo que puede decidirse si el entierro será en el agua, al aire libre, donde el cuerpo será devorado por los pájaros carroñeros, o la cremación. Estas ceremonias funerarias responden a los cuatro elementos: tierra, agua, aire y fuego.

Antes de llevar a cabo la ceremonia, el cadáver es atado en postura sedente o embrional y se le coloca en uno de los rincones de la cámara mortuoria.

A partir de ese momento, se permite la entrada de parientes y amigos. Cuando el cadáver se lleva al funeral, se sustituye el lugar donde estaba por una escultura o un retrato del mismo.

Esta es la ceremonia más conocida quizá porque resulta la más espectacular. En muchos casos, durante el funeral, se permite la presencia de personas ajenas al difunto, puesto que la ceremonia es tan fascinante que despierta curiosidad.

Sin embargo, ésta no es la única forma de despedir a los allegados del mundo en el que vivimos. En el resto de tradiciones las ceremonias son mucho más sencillas y modestas. Son rituales simples en los que se suelen recordar las buenas acciones de los difuntos.

Cuando un ser que ha alcanzado el grado de buda, un *arhant* (el practicante que se ha liberado del *samsara*) o un maestro especialmente importante muere, se hace un ritual especial. Después de la cremación se juntan sus reliquias. Éstas se colocan dentro de una *estupa* o pagoda, que es un montículo de sepultura. A veces también se colocan en el interior de la imagen de un Buda. Cuando un practicante se encuentra con ellas, éstas le recuerdan el *Dharma*, es decir las enseñanzas, y a cambio les debe mostrar respeto y veneración.

LAS RAMAS DEL BUDISMO

Muchas son las ramas que presenta esta religión, ya que cuenta con un gran número de adeptos y su extensión por el planeta ha sido considerable. Por eso, lógicamente, cada una ha creado su propia versión de las enseñanzas de Buda aunque todas compartan la misma filosofía. Cada una de las numerosas ramas posee una versión propia de las escrituras sagradas, junto con un vasto cuerpo de comentarios filosóficos y devocionales, inmersos muchas veces en el mito, la leyenda y el milagro. Presentan, pues, variedades cualitativas.

Tras la muerte del Buda Gautama su doctrina se fue diseminando por diversas naciones. Hacia el año 240 a.C. y bajo el reinado del emperador Asoka se reunió un primer concilio budista con el objeto de zanjar disputas sectarias. Está claro que ya habían surgido herejías, pues algunos de los edictos de Asoka tratan de la expulsión de los cismáticos; y también consta que se proclamaron herejías o escisiones incluso durante la vida del mismo Buda Gautama.

Con el transcurso del tiempo aparecieron muchísimas sectas, y todas por igual se proclamaban a sí mismas las seguidoras de la verdadera doctrina, tal y como ha sucedido con el cristianismo y con todas las religiones importantes. Las principales ramas del budismo se dividen en dos grupos: las del *Hinayana* y el *Mahayana*. Las primeras, cuyas escrituras se preservan en Pali, sostienen que representan las enseñanzas de Gautama en su esencia real, y en general conservan en alto grado sus características racionalistas, monásticas y de pureza. Las segundas, cuyas escrituras están en sánscrito, interpretan la doctrina de otra manera, con un desarrollo místico, teológico y devocional. El budismo *Hinayana* ha mantenido su supremacía principalmente en el sur, en particular en Ceylán y Birmania; el *Mahayana* en el norte, en Nepal y China. Aunque sería un error considerar a estas dos escuelas como las representantes del sur y del norte.

Geográficamente, las principales ramas del budismo se extienden de la siguiente manera:

- *Hinayana* (o «pequeño camino»): Sudoeste de Asia.
- *Mahayana* (o «gran camino»): Japón, China, Grecia y otros lugares.
- *Vajrayana* (o «camino de diamante»): China, Japón y otros lugares.
- *Budismo zen*: Estados Unidos y otros lugares.
- *Lamaísmo*: El Tíbet.
- *Tendai*: Japón, Tailandia y Birmania.
- *Theravada*: Varios países.

Sin embargo, es conveniente insistir en que el budismo es un árbol aunque tengas varias ramas, y debe de ser contemplado de forma unitaria. Es decir, que budismo sólo hay uno. El budismo *Theravada* (o escuela de los anti-

---

El budismo se ha desarrollado de diferentes formas para adecuarse a las distintas culturas en las que existe y ha sido reinterpretado a través de los años para que permanezca adaptado a cada nueva generación. Externamente, los tipos de budismo pueden parecer muy diferentes, pero en el fondo de todos ellos están las Cuatro Nobles Verdades y el Noble Óctuple Sendero. Las diferentes escuelas del budismo nunca se han peleado ni han sido hostiles entre ellas, y hasta hoy, se juntan en templos para rendir culto juntos. Esta tolerancia y entendimiento es una maravillosa rareza.

Ofrenda budista. Los inciensos y el fuego son elementos comunes tanto en las ceremonias litúrgicas como en las prácticas meditativas del budismo.

guos) se ciñe a la primera recopilación de textos budistas, mientras que el *Mahayana* (o gran vehículo) surgió casi al tiempo en el que el *Theravada* recopilaba esos textos. El budismo *Mahayana* afirmó haber encontrado más profundidad sobre puntos como éste en la enseñanza de Buda, mientras que el *Theravada* prefirió ceñirse a lo ya recopilado en el Canon Pali (100 a.C.).

Éstas son las principales diferencias en lo que respecta a los textos, pero hay que tener en cuenta que, según las mismas bases de su filosofía, todas las escuelas del budismo sostienen que las cosas separadas sólo existen en relación con otras. Esta relatividad de los individuos se denomina vacuidad (en sánscrito, *sunyata*); algo que no significa que el mundo no sea nada en la realidad, sino que la naturaleza no puede ser comprendida por ningún sistema de definición o clasificación fijo. La realidad es la mismidad de la naturaleza, o el mundo tal como es, independiente de cualquier pensamiento específico que se tenga sobre él.

LAS RAMAS MÁS IMPORTANTES

EL BUDISMO HINAYANA

Para empezar, debemos saber que las dos escuelas principales (la *Hinayana* y la *Mahayana*) tienen en común las tres características de ser (impermanencia o fugacidad, sufrimiento e irrealidad del Yo) así como las Cuatro Nobles Verdades, la transmigración, el *karma* y la vía media. Sin embargo, las diferencias entre ambas se fueron haciendo cada vez más notables con el transcurrir del tiempo. Sus escritos canónicos son tan diferentes que incluso podría haber quien considerara que constituyen dos religiones diferentes, pero no es del todo cierto porque comparten algunas ideas fundamentales: que el humano es el único camino para alcanzar la budeidad, que ningún dios puede eliminar

las consecuencias kármicas (lo que significa que las consecuencias de nuestras acciones son irredimibles) y que no
existe ningún creador de cielo y tierra, supremo legislador y
juez del universo.

El *Mahayana*, también conocido como «Gran Barca» es
llamado por sus seguidores para dejar claro que se opone al
Hinayana o «Pequeña Barca» del budismo primitivo, pues
ofrece a todos los seres la salvación por medio de la fe y el
amor, así como por el conocimiento. Sin embargo, el segundo sólo puede llevar, a través del proceloso mar de la
Transformación, a la lejana orilla del Nibbana a aquellas
pocas almas fuertes que no requieren ninguna ayuda espiritual exterior ni el consuelo del culto.

El budismo es una religión de praxis y no de fe.
Acentúa, fuertemente, la moral práctica. Es fecundo para
aquellos que lo practican, no para aquellos que se limitan
a creer o a discutir. El budismo hinayana presenta, como
doctrina central propia, la salvación a través de la acu-
mulación individual del mérito. La adquisición del mérito se considera como una tarea individual, para la cual
no podemos contar con los otros.

Hay que precisar que para practicar el budismo *Mahayana*
(así como el *Vajrayana*) es imprescindible tener un maestro cualificado. Es importante que pertenezca a un linaje
puro y que tenga auténticas cualidades como la compasión,
que no dé importancia al éxito o al fracaso, al beneficio o a
la pérdida, a las alabanzas o las críticas, al placer o al dolor.
Es decir, que sea ecuánime, que tenga paciencia y que sea

En el budismo hinayana el monje que sólo se preocupa de alcanzar su liberación, su *nirvana*, no es considerado egoísta. Es decir, buscar la propia felicidad olvidando y apartándose de los demás es una forma de práctica; tiene mucho que ver con la autoestima y el reconocimiento del valor de la vida, y con ello la determinación de no desperdiciar la oportunidad de haber nacido.

incansable en el trato con sus discípulos y en difundir el *Dharma*.

Tradicionalmente, en el Tíbet antes de llegar a una verdadera relación maestro-discípulo se esperaba un período de nueve años en el que el discípulo observaba las cualidades del maestro durante tres años, el maestro las capacidades del discípulo otros tres, y se observaban mutuamente los últimos tres años. Sólo entonces surgía el verdadero compromiso entre ambos. En el Tíbet se dice «No examinar al Maestro es como beber veneno. No examinar al discípulo es como saltar a un precipicio».

EL BUDISMO MAHAYANA

El *Mahayana* no es una escuela o secta particular; es más bien una actitud para el budismo. Su origen fue un movimiento de reacción contra la interpretación fidedigna (y, según los fieles de esta rama, estrecha) de las palabras de Buda. El *Mahayana* trata de reconectar con el espíritu original de dichas enseñanzas. Este movimiento se extiende a lo largo de la historia del budismo y afecta a todos los aspectos de la vida religiosa, artística e incluso social. El *Mahayana* ha transcendido su contexto histórico inmediato, ha ido más allá de la reacción que le llevó a su origen y ha desarrollado su carácter espiritual propio.

A pesar de su alto nivel intelectual filosófico, el budismo *Mahayana* nunca se pierde en pensamientos abstractos especulativos. Como siempre en el misticismo oriental, el intelecto es visto sólo como una forma de despejar la vía para la directa experiencia mística, que los budistas llaman «despertar».

La perspectiva universal es aquello que da al *Mahayana* su nombre. *Mahayana* quiere decir literalmente «*gran camino*», y se llama así porque es el camino a la Iluminación para un gran número de gente. Por tanto, el budista del *Mahayana* no piensa sólo en su propio desarrollo espiritual. Para él no es cuestión de ganar su propia Iluminación y dejar al prójimo valerse por sí mismo. La visión del *Mahayana* es que todos los hombres y las mujeres pueden desarrollarse espiritualmente y que ayudarles para que así lo hagan constituye una parte intrínseca de la vida espiritual. Es por esta razón que el *Mahayana* hace hincapié en el ideal del *Bodhisattva*, aquel que se dedica a la realización espiritual más elevada (literalmente «aquel que se inclina a la Iluminación»). Pero él no se dedica a ella sólo por su propio beneficio, sino por el de todos los seres vivos.

EL BUDISMO VAJRAYANA

Su objetivo es también la liberación de todos los seres, en este caso partiendo de la idea de que uno mismo y todos los demás sin excepción somos ya, en este mismo momento, budas, y nuestro objetivo es darnos cuenta de ello, despertar nuestro buda dormido. La diferencia con el *Mahayana* está en las técnicas para hacerlo, ya que el *Vajrayana* emplea todo el potencial disponible, es decir nuestras emociones más intensas, para transformarlas en cualidades. Se le llama también «vehículo del relámpago», porque puede llevar a la iluminación en una sola vida.

En el budismo *Vajrayana* se exigen unas relaciones de sumisión y dependencia del discípulo hacia su maestro que pueden dar origen a abusos. Nos encontramos, pues, ante la difícil senda de la devoción, de la entrega absoluta al gurú, tan difícil de asimilar por el pensamiento occidental. El maestro puede insultarte, asustarte, pegarte. No hay código ético posible. Por ello hay que escoger con mucho cuidado al maestro adecuado. El mismo Dalai Lama opina que se necesitan quince años de experiencia previa para elegir bien.

El nombre de *Vajra* o diamante viene de un mito hindú anterior al budismo relativo al dios Indra, y también de una concepción del budismo temprano en la cual se afirmaba un estado de la mente el cual se compara al diamante. La peculiaridad del *Vajrayana* reside en transmutar fuerzas inconscientes profundas, como la pasión sexual o el odio, para que sean útiles hacia el *Nirvana*. Este tipo de practicas comprenden un complejo sistema de iniciaciones y ritos. El *Vajrayana* muestra un budismo muy mágico y lleno de rituales y simbolismos, multitud de dioses, etc. Este tipo de escuelas da una importancia total a la relación entre maestro y discípulo, que debe ser muy profunda entre ambos.

El *Vajrayana* utiliza mucho determinadas prácticas como los famosos *mantras*, que literalmente significa encantamiento, y en la cual se recitan enseñanzas o frases durante cierto tiempo. Elaborados rituales de este tipo acabaron impregnando a varias escuelas mahayana no tántricas. Considerado un vehículo rápido hacia el despertar por sus seguidores, el tantrismo ha sido utilizado en Oriente por seguidores de otras escuelas en algunas ocasiones. A pesar de que muchos de sus practicantes lo llaman un tercer vehículo, lo cierto es que tal denominación no se mantiene de forma consensuada. Esto se debe a que además de las escuelas tántricas, en la historia del budismo otras escuelas no tántricas también se han referido al estado de *Vajra*. De todos modos, el budismo considerado tántrico presenta una manera muy diferenciada de enfocar la enseñanza.

EL BUDISMO ZEN

El *zen* se desarrolló en China y más tarde en Japón como resultado de una fusión entre el *Mahayana* y la filosofía china del taoísmo. *Zen* y *chan* son, respectivamente, las formas japonesa y china de pronunciar el término sánscrito *dhyana*, que designa un estado mental más o menos equivalente a la contemplación o meditación, aunque sin el sentido estático y pasivo que estas palabras conllevan a veces.

El *zen* tiene su origen en la experiencia del Buda Shakyamuni, que hace dos mil quinientos años, sentado en la postura de *zazen*, hizo realidad el despertar. Esta práctica contiene la esencia del *zen*: es la vuelta a la condición normal del cuerpo y del espíritu. La enseñanza de Buda no depende de la filosofía y mucho menos de la metafísica, sino que surge de su experiencia viva. Se podría comparar a un medicamento que ofrece la curación a la naturaleza humana enferma. Buda no pretendía crear una nueva religión sino ayudar al ser humano para que comprenda la causa de su sufrimiento y se libere de él. A esta liberación se le llama el despertar de Buda, suprema sabiduría y verdadera libertad.

A diferencia de otras formas de budismo, el *zen* sostiene que la libertad mental no puede obtenerse mediante una práctica gradual, sino que debe llegar mediante una idea directa e inmediata. Así pues, el *zen* abandona tanto las teorías como los sistemas de práctica espiritual y comunica su visión de la verdad por un método conocido como «indicación directa». Sus intérpretes responden a todas las preguntas filosóficas o religiosas por medio de palabras o acciones no simbólicas. La respuesta es la acción tal como es, no lo que

Según el *zen*, la mente se comporta como el cristal de una ventana más que como un espejo; es decir, la mente debería proporcionar una visión inmediata en vez de dar una interpretación del mundo. Todas las teorías de la naturaleza se consideran obstáculos en esta visión directa. El *zen* no se somete, pues, a ningún sistema, doctrina o creencia.

representa. Los estudiantes *zen* se preparan para ser receptivos sentándose para meditar mientras observan, sin realizar comentarios, ocurra lo que ocurra.

En lo que respecta a la preparación, el *zen* se estudia de forma habitual en comunidades semimonásticas. El monasterio *zen*, al que se llega tras la primera fase de la educación, es una estricta escuela de entrenamiento que combina la meditación con una cantidad considerable de trabajo manual. Los estudiantes de dichas escuelas prestan especial atención a las artes y los oficios, en especial a la pintura, la caligrafía, la jardinería, la arquitectura y las ceremonias del té. En Japón también se practican las artes marciales o Budô.

EL LAMAÍSMO

El lamaísmo (en tibetano *blama*, «superior») fue fundado en el año 747, cuando el monje y estudioso budista Padmasambhava viajó desde el norte de la India hasta el Tíbet, donde estableció la primera orden de los monjes o lamas. Después de esto la religión se expandió rápidamente.

En lo que respecta a los ritos, la actividad religiosa de los lamas consiste principalmente en recitar oraciones y textos sagrados, entonando himnos al compás de trompetas y tambores. Los ritos religiosos que practican los lamas implicaban el uso de rosarios, ruedas y banderas de rezos, además de reliquias santas, amuletos, talismanes y conjuros místicos que repiten en cada ocasión.

Gran parte del ritual de los lamas se basa en el misticismo esotérico del *tantra*, devoción que incluye tanto el yoga

---

El monasticismo y los servicios religiosos del lamaísmo presentan una similitud tan sorprendente con las instituciones católicas que algunos investigadores no católicos no han vacilado en referirse a un «catolicismo budista» en el Tíbet. El Papa y el Dalai-Lama, Roma y la ciudad de Lasa son similares; el lamaísmo tiene sus monasterios, campanas, procesiones, letanías, reliquias, imágenes de santos, agua bendita, cuentas del rosario, mitras obispales, cruces, vestiduras, capas, bautismo, confesión, misa, sacrificios por los muertos. Sin embargo, puesto que es el espíritu interior el que da a una religión su sello característico, en estas manifestaciones externas no podemos reconocer una verdadera copia del catolicismo.

como el *mantra*, o una fórmula mística, todas antiguas prácticas de los chamanes. Durante las fiestas especiales, los templos, santuarios y altares de los lamas son decorados con figuras simbólicas; los fieles llevan al templo leche, mantequilla, té, harina y otras ofrendas similares; los sacrificios de animales están totalmente prohibidos. Existen numerosas fiestas religiosas entre los lamas, siendo las más importantes la de Año Nuevo, celebrada en febrero, marcando el comienzo de la primavera; la Festividad de las Flores, celebrada al comienzo del verano, para conmemorar la reencarnación de Buda; y la Festividad del Agua, que se celebra en agosto y septiembre, para señalar el comienzo del otoño.

Las escrituras de los lamas están divididas en dos grandes grupos: el canon o libros sagrados, y el comentario exegético. El canon, compuesto por consejos y mandatos recopilados por Buda, de textos de la India y de China, contiene más de mil escritos, que en algunas ediciones llenan más de cien volúmenes de aproximadamente mil páginas cada uno. El comentario exegético es igualmente voluminoso, pero no posee la autoridad indiscutible del canon.

EL BUDISMO TENDAI

El *Tendai* es una importante escuela chino-japonesa del budismo *Mahayana* que toma su nombre del monte Tiantai al sureste de China, donde se fundó su primer monasterio.

El budismo *Tendai* establece un principio de triple verdad:
• Todas las cosas son vacuas y carecen de realidad esencial.
• Todas las cosas tienen una realidad provisional.
• Todas las cosas son de manera absoluta irreales y de forma provisional reales al mismo tiempo.
Así pues, el mundo transitorio de los fenómenos es considerado el mismo fundamento inamovible y diferenciado de la existencia.

Esta rama del budismo surgió en China en el siglo XIII y perdura sobre todo en Japón.

También conocida como secta de Zhiyi, creció de forma rápida y se convirtió en el grupo budista más importante de China durante los siglos VIII y IX. El monasterio matriz del monte *Tiantai* se convirtió en un centro muy prestigioso del aprendizaje budista. También se incorporaron al Tendai japonés elementos de la escuela *Zen* y del budismo esotérico. Los seguidores chinos de la escuela *Tendai* jamás se recuperaron de las grandes persecuciones que el budismo sufrió en el año 845, pero en Japón fue, junto con la *Shingon*, una de las dos sectas preeminentes del período Heian (794-1185), la edad de oro cultural japonesa.

Zhiyi recalcó la semejanza de las facetas contemplativa e intelectual de la religión con las dos alas de un pájaro; de esta manera, el budismo *Tendai* se caracterizó por su fuerte inclinación filosófica junto con un vigoroso énfasis en la meditación. Las prácticas más usuales del *Tendai* incluían una estricta disciplina monástica, plegarias y estudio de textos, rituales esotéricos y una meditación intensiva (*shikan*), a través de la cual el individuo podía interpretar los 3.000 reinos de la existencia, o aspectos de la realidad, en un solo pensamiento y saber de la inmanencia del *nirvana* en el *samara* (el mundo de la transmigración).

El Budismo Theravada

La escuela *Theravada* se desarrolla por el sur de la India, la isla de Ceilán y toda la península de Indochina. Es la más antigua y actualmente se mantiene con todo vigor en los países que surgieron tras la descomposición del imperio colonial inglés y francés. *Theravada* es una palabra pali compuesta de *thera* que significa antiguo, viejo, monje y *vada* que se traduce como palabra o doctrina. *Theravada* significa literalmente «la doctrina o enseñanza de los antiguos».

Sus adeptos consideran que mantienen los principios del más temprano budismo. En este sentido consideran al Buda Siddharta como un hombre igual a otros y que sólo se lo distinguía de los demás por su penetración intuitiva de los secretos de la vida y del dolor, en su percepción de las cosas tal como verdaderamente son, como una eterna Transformación.

En esta escuela no se admite especulación sobre el hecho de que Buda y los demás *Arahats* (personas que han alcanzado la budeidad) subsisten después de la muerte física. Es, en cierto sentido, una religión estrictamente racionalista aunque, naturalmente, tiene su culto y rituales.

La tradición theravada se fundamenta en el Canon Pali o las Tres Canastas (*Tipitaka*) que todos los estudiosos reconocen contiene la compilación más antigua de las enseñanzas de Buda, y que para la tradición theravada representa las palabras y enseñanzas originales de Buda. Los textos canónicos theravadas están escritos en pali, una lengua muy antigua emparentada con el sánscrito, que de acuerdo a la tradición theravada Buda utilizó para impartir sus enseñanzas. El Venerable Ananda, primo y asistente personal de Buda, memorizó todos sus discursos. Tres meses después de la muerte de Buda los monjes se reunieron y recitaron todo lo que habían escuchado decir a Buda. Así se estableció una transmisión oral de las enseñanzas hasta que estas fueron escritas en hojas de palma en pali cien años antes de la era común en la isla de Sri Lanka.

A partir del siglo XVIII el interés por el budismo empieza a ser evidente en personajes centrales de la intelectualidad occidental como Voltaire. Esto se extendería con rapidez hasta llegar a verlo aparecer un siglo más tarde como influencia visible en el filósofo Arthur Schopenhauer. A partir de aquí, podemos decir que el budismo constituye una influencia a tener en cuenta en el pensamiento europeo. Paralelamente a la creación de sociedades para su estudio aparecerán los primeros conatos de práctica budista justo a la entrada del siglo XX.

TÉCNICAS Y EJERCICIOS PRÁCTICOS.
APRENDIENDO A MEDITAR

La meditación es el mejor método para familiarizar nuestra mente con la virtud. Cuanto más nos familiaricemos con la práctica de la virtud, de mayor paz y tranquilidad disfrutaremos. Cuando nuestra mente está serena, dejamos de tener preocupaciones y problemas, y experimentamos verdadera felicidad. Ese es el objetivo último de la meditación según el budismo. En cambio, si carecemos de paz mental, por muy agradables que sean las condiciones externas que nos rodean, no seremos felices. Si cultivamos una mente tranquila y apacible, gozaremos de felicidad continua aunque tengamos que enfrentarnos con circunstancias adversas.

La primera etapa de la meditación consiste en disipar las distracciones y lograr cierta claridad y lucidez mentales. Esto puede lograrse con un ejercicio sencillo de respiración.

Primero elegimos un lugar tranquilo para meditar y nos sentamos en la postura tradicional, con las piernas cruzadas una sobre la otra, o en cualquier otra posición que nos resulte cómoda. Si lo preferimos, nos podemos sentar en una silla. Lo más importante es mantener la espalda recta para evitar caer en un estado de somnolencia.

Mantenemos los ojos entreabiertos y enfocamos nuestra atención en la respiración. Respiramos con naturalidad a través de los orificios nasales, sin pretender controlar este proceso, e intentamos ser conscientes de la sensación que produce el aire al entrar y salir por la nariz. Esta sensación es nuestro objeto de meditación. Nos concentramos en él e intentamos olvidar todo lo demás.

Al principio, descubriremos que nuestra mente está muy ocupada y es posible que pensemos que la meditación la agita todavía más, pero en realidad lo que ocurre es que comenzamos a darnos cuenta del estado mental en que nos encontramos normalmente. Además, tenderemos a seguir los diferentes pensamientos que vayan surgiendo, pero hemos de intentar evitarlo y concentrarnos en la sensación que se produce al respirar.

Si descubrimos que nuestra mente se distrae con pensamientos e ideas, hemos de volver de inmediato a la respiración. Repetimos este ejercicio tantas veces como sea necesario hasta que la mente se concentre en la respiración.

La meditación budista se parece bastante a la del hinduismo. Tiene algunas singularidades, pero la práctica es la misma. Ambas, de todos modos, se diferencian en el objetivo final: el hinduismo pretende alcanzar la divinidad, mientras que el budismo quiere llegar a un nuevo estado de conciencia en el que uno será consciente de que el mundo real es una invención.

Aunque este ejercicio de respiración no es más que una etapa preliminar de la meditación, resulta muy eficaz. Esta práctica es una prueba de que podemos experimentar paz interior y satisfacción con sólo controlar la mente, sin tener que depender de las condiciones externas.

La mayoría de las dificultades y las tensiones que sufrimos tienen su origen en la mente y muchos de nuestros problemas, como la mala salud, son provocados o agravados por el estrés. Si practicamos la meditación en la respiración durante diez o quince minutos al día, podremos reducir nuestro estrés.

Hemos de adiestrarnos en esta meditación preliminar hasta que logremos cierta experiencia; pero si deseamos conseguir una paz interna permanente y estable, y liberarnos de todos los problemas y sufrimientos, este ejercicio sencillo de respiración no es suficiente, debemos realizar además otras prácticas de meditación.

EJERCICIOS DE RESPIRACIÓN

Cinco son los ejercicios básicos para aprender a dominar la respiración más allá del sencillo ejemplo anterior.

El primero consiste en extender el cuerpo y, con las manos sobre el diafragma, expulsar el aire de los pulmones e inspirar con profundidad hasta que el diafragma se ensanche y el tórax quede estirado por completo. Exhalando e inspirando siempre el aire por la nariz, repetir unas diez veces.

El segundo, en la misma posición del anterior, está destinado a contener la respiración. Radica en inspirar con profundidad y retener el aire en los pulmones durante unos segundos y, a continuación, expulsarlo por completo. Repetir desde el comienzo entre diez y quince veces.

El tercer ejercicio, dedicado a practicar la respiración rápida, se inicia sentado sobre los talones. Espirar el aire de los pulmones e inclinar el cuerpo hacia delante. Volver a la posición original inspirando lenta y profundamente. Repetir cuatro o cinco veces más.

El objetivo del cuarto ejercicio es aprender a respirar de manera lenta y profunda, que es la forma más adecuada

---

La respiración es básica en la meditación. Además de que es muy importante para llegar a algunos estados de conciencia, también sirve para ahuyentar los pensamientos confusos que nos distraen durante la meditación. Concentrándose en la respiración, es mucho más fácil eludir esas ideas que aparecen compulsivamente cuando empezamos a meditar. De todas formas, es cuestión de práctica. Al principio cuesta mucho conseguir los ritmos adecuados, pero después de unas cuantas sesiones se acaba llevando a cabo la respiración correcta sin apenas pensar en ella.

para realizar las posturas que ofrecen mayor dificultad. De pie, con el cuerpo erguido y los brazos caídos a los costados, inspirar con profundidad y contener la respiración. Girar el tronco hacia un lado, manteniendo las piernas en la misma posición inicial, y extender los brazos hacia arriba. Alcanzado el punto de torsión máxima, girar en sentido contrario. A continuación, volver a la postura original y espirar con lentitud.

El último ejercicio, que estriba en dominar la respiración alterna, se realiza sentado sobre el suelo, con los ojos cerrados. Con el pulgar de la mano derecha, obturar la fosa nasal del mismo lado e inspirar por la fosa izquierda, contando hasta cuatro. Con el índice de la misma mano, tapar ambas fosas y mantener la respiración durante unos diez segundos. Luego espirar lentamente por la fosa derecha y descansar. Repetir tres veces, con cada fosa nasal y con la mano del lado respectivo.

EL YOGA

Una vez establecidas ciertas bases sobre la meditación mediante la respiración, estamos preparados para aprender técnicas más complejas.

La palabra yoga sugiere a muchos la práctica regularizada de ejercicios físicos, gimnásticos y mentales (reconcentración, meditación), e incluso una concepción exótica del ser y de la vida. El yoga es ciertamente eso, pero también algo más. Hay muchas clases de yoga, pero todas coinciden en la meta u objetivo último: la unión del hombre con su ser más profundo (armonía, equilibrio interior) y con lo Absoluto, lo Uno-Todo, con Brahmán —panteísmo, del yoga hindú—, con el Universo —pancosmismo, del yoga budista y jinista—, así como la desatadura de la cadena de la reencarnación, que arrogaría el alma a este mundo con tantos anillos cuantos sean los cuerpos vivificados por la misma alma.

El yoga es un sistema psicofísico basado en los ritmos respiratorio y sanguíneo, con el que se desarrollan las facultades psíquicas y se restablecen el equilibrio mental y muscular. Los ejercicios deben hacerse con el estómago vacío, por lo cual es recomendable practicarlos antes del desayuno o de la cena. Asimismo, es preferible realizarlos al aire libre pero, si ello no fuera posible, podrá hacerse en una habitación bien aireada.

La suavidad y la lentitud que caracterizan a estos ejercicios, uno de cuyos objetivos consiste en desbloquear el cuerpo tanto en el plano físico como también en el psíquico, permiten que los realicen personas de todas las edades.

El yoga es algo mucho más complejo que lo que suele entenderse por esta palabra en Occidente, donde apenas se conocen los rudimentos psicotécnicos del *hatha-yoga* y del *raja-yoga*, de ordinario fuera de su concepción teórica del cuerpo humano y de su contexto filosófico y religioso. Para los verdaderos *yoguis* —practicantes del yoga—, su sistema es una forma de vida integral: existe un modo yóguico de comer, de beber, de realizar la higiene de los diferentes miembros y funciones fisiológicas, de vivir durante el día y de dormir, así como de trabajar, aprender, enseñar, amar, obedecer, mandar, etc.

En nuestro caso, no profundizaremos tanto, sino que ofreceremos al lector una forma sencilla de introducirse en la práctica y así comenzar a beneficiarse rápidamente de sus resultados. Para ello necesitamos aprender las posturas básicas de meditación.

LAS POSTURAS PARA MEDITAR

Lo primero que tenemos que aprender es la mejor manera de sentarnos. Hay dos principios importantes que debemos tener en mente al buscar una postura adecuada para meditar:

• La postura debe permitir relajarnos y estar cómodos.
• La postura debe permitir mantenernos alerta.

Son dos principios vitales. Si estamos incómodos, no podremos meditar. Si no nos podemos relajar, no podremos disfrutar de la meditación y, muy importante, no podremos dejar ir los conflictos emocionales subyacentes que provocan tensiones físicas.

Al leer esto, parece lógico pensar que sería mejor meditar acostados, pero no es aconsejable. En el mejor de los casos, nuestra mente se obnubilará y es posible que nos quedemos dormidos. La mejor manera de combinar efectivamente la relajación y la atención es estar sentado. No tienes que sentarte con las piernas cruzadas, ni siquiera tienes que sentarte en el suelo.

Sentarnos derechos nos permite abrir el pecho para que podamos respirar con libertad y esto nos ayuda a desarrollar y mantener un estado de atención consciente y alerta, pero relajado.

Aunque son muchas las posturas y flexiones que integran el sistema completo de la gimnasia yoga, basta con practicar las más corrientes, cuyo número no supera la docena. El mantenimiento de una postura dada será, al comienzo, de unos escasos segundos. No obstante, con la práctica asidua se logrará mantenerla durante los minutos que el sistema recomienda en particular para cada uno.

Basado en posturas de estiramiento muscular y articular, es esencial comenzar los ejercicios de manera relajada. Realizarlos con lentitud y profundidad, y poner especial cuidado en la respiración, tal y como hemos explicado.

POSTURAS BÁSICAS

Estas posturas se mantendrán, al comienzo, durante unos pocos segundos, tiempo que se aumentará de forma gradual hasta varios minutos cuando se adquiera la soltura y la práctica necesarias. Antes de adoptar cualquier postura, esto es lo que debemos recordar cuando nos acomodemos para estar relajados y atentos:

• La columna vertebral debe estar derecha, siguiendo su tendencia natural a ahuecarse ligeramente en la zona lumbar. No debemos estar muy inclinados hacia delante ni tener una exagerada curvatura en la parte baja de la columna.

Es muy importante que la postura sea cómoda y que facilite la relajación de todos los músculos. La gente que no es especialmente flexible puede tener algún problema con alguna de ellas. En esos casos no debe forzarse, es más importante que se sienta cómodo que intente alcanzar una posición que no le permita concentrarse en la meditación.

• La columna debe estar relajada.

• Los hombros tienen que estar relajados y ligeramente hacia atrás y hacia abajo, ayudando a que el pecho se abra y que la respiración sea natural y no se constriña.

• Las manos deben estar apoyadas, ya sea sobre un cojín o en el regazo, para que los brazos puedan relajarse.

• La cabeza tiene que estar equilibrada, sin esfuerzo, sobre la columna, con la barbilla ligeramente recogida. La nuca debe estar relajada, alargada y abierta.

• La cara tiene que estar relajada, suavizando el ceño. Los ojos relajados, igual que la quijada y la lengua. Ésta toca la parte trasera de los incisivos superiores.

Una vez aclarados estos puntos básicos, veamos las posturas más comunes en el yoga.

EL SASTRE

Esta es la postura más sencilla para meditar con las piernas cruzadas. Es, asimismo, la más común entre los meditadores occidentales.

Es muy importante apoyar las dos rodillas en el suelo para tener la estabilidad adecuada. Hay que tener tres puntos de contacto: los glúteos y ambas rodillas. Si no tenemos ese firme apoyo, sentirás tensión física porque habrá que esforzarse demasiado para estar derecho. Además, pueden sentir nuestras rodillas demasiada tensión.

Si nos cuesta mucho trabajo mantener ambas rodillas en el suelo, podemos utilizar un cojín delgado o una bufanda doblada debajo de la rodilla para estabilizarnos mejor. Si tienes una o las dos rodillas separadas del suelo, más de 2 o 3 centímetros, mejor usar una silla, cojines o un banquito, como veremos en este mismo capítulo.

Si las manos no descansan de manera natural sobre el regazo, apóyalas en un cojín o una manta. Quizá sea aconsejable alternar el pie que queda al frente de vez en cuando, porque cualquier postura con las piernas cruzadas resulta ligeramente asimétrica. Si alternamos la posición de los pies nivelaremos los posibles desequilibrios y no los «incorporaremos» a la postura.

Si empezamos a practicar esta postura por nuestra cuenta, se recomienda emplear un espejo en las primeras ocasiones. Así se puede controlar que la postura sea la adecuada y que no carguemos más un lado de otro. Cuando se lleven unas sesiones, ya no será necesario. El cuerpo habrá aprendido a través de la práctica cómo se debe colocar.

El loto y medio loto

Sentado sobre las nalgas, colocar los pies sobre los muslos opuestos y las manos sobre las rodillas, con los brazos relajados.

Estas posturas son adecuadas sólo para quienes tienen mucha flexibilidad. Si llegamos a sentir algún dolor en las rodillas o la postura se hace muy incómoda, es mejor intentar otra más sencilla de las que hablaremos más adelante.

En el *loto completo*, cada pie descansa sobre el muslo opuesto, con las plantas hacia el cielo. En el *medio loto*, un pie queda sobre el muslo contrario, con la planta hacia arriba, mientras el otro está en el suelo.

Se dice que el *loto completo* es la postura más estable para meditar. Si podemos estar cómodos así, cerca del suelo (lo cual, por alguna razón, parece ayudar a que uno se sienta más asentado y seguro) estaremos en una postura muy equilibrada y simétrica.

Si uno medita en sillas, cojines o banquitos, quizá tenga una postura aún más simétrica pero tendrá menos contacto con el suelo.

OTRAS POSTURAS RELEVANTES

LA MONTAÑA

De pie, con el cuerpo erguido y los pies juntos, equilibrar todo el peso apoyando el talón y la parte externa de la planta del pie y levantando, a la vez, los dedos hacia arriba.

Si nos falla el equilibrio es porque estamos mal colocados. Esta posición pone de manifiesto los errores posturales.

EL PERRO

Tumbado boca abajo, con los dedos de los pies y las palmas de las manos apoyados sobre el suelo, levantar el cuerpo exhalando el aire de los pulmones, manteniendo las piernas y los brazos rectos. La cabeza debe quedar escondida entre los hombros. La respiración, lenta y profunda, es de suma importancia en esta postura.

Es básico, en esta posición, no ejercer presión en el cuello. La cabeza no se ha de aguantar, ha de caer por su propio peso.

El triángulo

De pie, con las piernas muy separadas, girar un pie hacia fuera hasta que los dedos queden perpendiculares al costado correspondiente del cuerpo.

Colocar los brazos en forma de cruz bajando el tronco recto, tratar de tocar el tobillo con la mano más cercana a la pierna pertinente, manteniendo el brazo bien extendido. Repetir la postura con la otra pierna.

Para conseguir un buen resultado, se recomienda relajarse mientras se aspira aire y llevar a cabo el movimiento durante la espiración.

El arado

Tumbado en el suelo boca arriba, con el cuerpo extendido, elevar las piernas juntas hasta alcanzar un ángulo de 90° con relación al tronco. A continuación, apoyar las manos sobre el tronco y levantarlo hasta que la barbilla se apoye en el pecho. Mantenerse en esta posición unos segundos, con las manos apoyadas a la altura de los omóplatos. Volver a la postura original y repetir entre cuatro y seis veces.

Para que funcione el ejercicio, se debe tener la espalda pegada al suelo, sobre todo la parte de los riñones. Es una forma de evitar lesiones.

FLEXIONES BÁSICAS

Para realizar las tres flexiones siguientes que se proponen es indispensable mantener en todo momento la espalda lo más recta posible.

La postura para la primera requiere ponerse de pie, con las piernas juntas. El ejercicio consiste en espirar y flexionar al máximo la cintura hacia delante, manteniendo la espalda estirada y recta. Alcanzar la posición más baja posible del tronco, relajarlo hasta dejarlo colgado y mantener la postura mientras se respira de manera normal. Volver a la posición original con la cabeza alta y la espalda recta, y repetir unas cinco veces.

La segunda flexión también se inicia de pie, pero con las piernas muy separadas y los pies paralelos. Colocar las manos en las caderas y flexionar la cintura de modo que se lleve el tronco hacia delante hasta llegar a apoyar las manos en el suelo sin flexionar las piernas. Repetir cinco veces.

La postura inicial de la última consiste en sentarse en el suelo, con el tronco erguido y las piernas estiradas y juntas. Sin arquear la espalda, flexionar la cintura hacia delante e intentar coger las puntas de los pies con las manos. Mantener es esa posición durante unos segundos y repetir unas cinco veces más.

EJERCICIOS DE RELAJACIÓN

Los ejercicios de relajación no sólo deben realizarse después de haber sometido el cuerpo a actividades físicas, sean éstas suaves o enérgicas, sino también, y de forma muy especial, cuando se experimenta una sobrecarga de tensión, que con frecuencia se registra al terminar el día.

Aunque son diversas las formas de relajación que ofrece el yoga, se proponen aquí las más corrientes de todas. Unos diez minutos diarios dedicados a practicar cualquiera de estos tipos de relajación son suficientes para eliminar la sensación de estrés o ansiedad, y adquirir de nuevo el debido control sobre el sistema nervioso.

Postura del muerto

Tumbado sobre el suelo boca arriba, con los ojos cerrados, extender los brazos y las piernas y colocar la cabeza con la barbilla en línea con el ombligo. Comenzar la relajación de todo el cuerpo, poco a poco, del siguiente modo.

Empezar por los glúteos y la espalda de manera que queden pegados al suelo. Una vez alcanzada la relajación de estas zonas, y siguiendo una línea imaginaria que divida el cuerpo a lo largo en dos, relajar las piernas estiradas con los pies vueltos hacia el exterior y los talones equidistantes de la línea imaginaria. Girar entonces las palmas de las manos hacia arriba y relajar una mano, luego la muñeca y el brazo correspondiente y, a continuación, hacer lo mismo con el otro brazo.

Una vez lograda la máxima relajación posible de todos los músculos del cuerpo, debe prestarse atención a la respiración, que debe ser lenta y tranquila durante todo el período de relajación. El mejor ejercicio respiratorio consiste en dejar transcurrir un segundo al acabar de espirar y volver a inspirar con la mayor lentitud posible.

Es probable que, al comienzo, este ejercicio de respiración exija un alto grado de concentración, pero tras practicarlo de modo asiduo, se convertirá de forma gradual en un proceso que acompañará de forma casi automática cualquier ejercicio de relajación.

POSTURAS ALTERNATIVAS

Suele suceder que cuando la tensión es muy fuerte, la espalda o los hombros se niegan a apoyarse de forma relajada sobre el suelo, por lo que la postura del muerto provoca molestias que impiden alcanzar el grado de relajación adecuada. De ser ese el caso hay otras posturas que, aunque

---

En ocasiones se recomienda variar la postura de relajación para descubrir si se están llevando a cabo adecuadamente los ejercicios. Una nueva posición puede poner de manifiesto errores que en otra pasaban inadvertidos.

Templo budista. Merece la pena destacar la forma de campana de su cúpula, que desde un punto de vista simbólico, es una llamada a la interiorización.

no tan completas, son muy eficaces para lograr el mismo fin. Una de ellas consiste en tumbarse sobre el suelo y, flexionando las piernas, apoyar las pantorrillas y los pies sobre una silla e iniciar desde esta postura los ejercicios de relajamiento de todo el cuerpo. Si algunos músculos, como los de la espalda o los hombros, ofrecen cierta resistencia para descansar inertes sobre el suelo, por estar demasiado tensos, puede recurrir a apoyarlos sobre una manta doblada.

RELAJACIÓN Y ESTIRAMIENTO

Algunos ejercicios combinan la relajación con el estiramiento de los músculos. Pese a las apariencias, su realización no entraña excesiva dificultad.

El primero de ellos se inicia tumbado en el suelo, de espaldas. Se apoyan entonces las manos en el suelo y se arquea el cuerpo con lentos movimientos elevando rodillas y abdomen.

El segundo ejercicio se inicia estando de rodillas, y consiste en desplazar el cuerpo hacia atrás hasta conseguir que la cabeza se apoye en el suelo. Conviene realizarlo con mucha lentitud y con respiración pausada.

POSTURAS CÓMODAS SENTADOS

A continuación veremos las formas más comunes en que te puedes sentar. Empezaremos con la más fácil y luego veremos algunos errores frecuentes en la postura y cómo corregirlos.

MEDITANDO EN UNA SILLA

Podemos meditar perfectamente en una silla. Para ajustarla, sólo tenemos que elevar sus patas traseras unos cuatro centímetros. Esto le dará una inclinación que nos permitirá sentarnos derechos sin mantener rígida la espalda y sin tener que recostarnos en el respaldo. Para ello, puedes usar algunas tablas o libros. Hay que poner las manos en los muslos, con las palmas hacia abajo. Si es posible, colocaremos los pies completamente apoyados en el piso. Si nuestras piernas son muy largas o muy cortas en comparación con la silla, quizá esto no sea posible. Si los pies no nos llegan al piso, buscaremos algo para apoyarlos (podría ser una manta doblada). Si nuestras piernas son muy largas para la silla será mejor buscar otra o poner un cojín en el asiento, para estar más elevados.

Algunas sillas de oficina son perfectas para meditar. Las podemos acomodar de manera que queden ligeramente inclinadas hacia delante. Tenemos que revisar que el respaldo haga apenas contacto con la parte baja de la espalda. Ajusta la altura para que los pies descansen completamente en el suelo.

HINCADOS USANDO UN COJÍN O BANQUITO

Aunque, como hemos visto, se puede meditar en una silla, no es tan cómodo como sentarse en el suelo.

Es importante encontrar buenos cojines. Tienen que ser muy firmes para que no se compriman mucho al sentarse en ellos. La mayoría de los cojines y almohadas comunes ofrecen poco soporte. Sin embargo, hay almohadas de trigo sarraceno que resultan perfectas para sentarse a meditar.

Existen cojines (zafus) especialmente diseñados para la práctica. Nos arrodillamos poniéndolos entre las piernas. Muchas personas que se sientan en cojines requieren dos o tres, según la altura deseada.

Lo importante es quedar a buena altura. Si estamos sentados demasiado bajos terminaremos encorvándonos y esto interferirá con nuestra capacidad de estar atentos, además de que es incómodo. Si nos sentamos demasiado altos, la curva de las lumbares será mayor y esto puede causar molestias. Cuando mantenemos la columna relativamente derecha, sin tener que esforzarnos para ello, podemos decir que estamos a la altura correcta.

Sugerimos apoyar las manos delante del cuerpo para quitarle peso a los hombros. Podemos poner otro cojín delante para descansar las manos sobre él o podemos atarnos a la cintura algo que sostenga las manos.

Los banquitos y los taburetes bajos son muy útiles para meditar. Pueden comprarse en tiendas de muebles o, incluso, podemos mandarlo hacer si conocemos un buen ebanista.

CONCIENCIA DEL CUERPO Y RELAJACIÓN

Es vital ser consciente del cuerpo mientras meditamos. No es algo ajeno a la meditación y tampoco es opcional. Es parte integral del proceso. Si deseamos meditar bien, es necesario dedicar unos minutos a la postura y a llevar tu atención por todo el cuerpo. Mientras más atención le dediquemos al principio de la meditación, mejor será la práctica.

Empezaremos por hacernos conscientes de los pies y de su contacto con el suelo. Dejaremos que los pies se llenen de nuestra atención. Mientras más conscientes estemos de los pies, mejor se relajarán. Hemos de notar que los músculos se suavizan y se aflojan.

Les dedicaremos uno o dos minutos y luego llevaremos la atención al resto del cuerpo. Al pasar por cada músculo dejaremos que se afloje. Tomaremos consciencia de las piernas, muslos, caderas, espalda, hombros, brazos, manos, nuca, cabeza y cara. Cada vez que tomemos consciencia de alguna parte del cuerpo, la suavizaremos, nos relajaremos y nos «dejaremos ir».

Intentaremos notar el cambio sutil en la calidad de la experiencia cuando nos hemos hecho conscientes y luego nos relajamos. Con frecuencia, notaremos más energía, un estremecimiento o, incluso, sentimientos de placer cada vez que se relaja el cuerpo.

Pondremos especial atención a las partes del cuerpo donde se suele acumular la tensión:

- La nuca.
- Los hombros.
- Las caderas.
- Los muslos y las pantorrillas.

Después de recorrer el cuerpo, tomaremos consciencia de él en su totalidad. Luego llevaremos la atención al vientre y sentiremos cómo se mueve, tranquila y rítmicamente, cada vez que inhalamos y exhalamos.

Ahora estamos listos para empezar a meditar. De hecho, ya hemos empezado.

LA MEDITACIÓN BUDISTA MEDIANTE EL ZEN

El *zen* es considerado por muchos como la cima del budismo. Todavía en nuestro tiempo, es la norma única de vida de algunos millones de bonzos y sus discípulos en Japón. La palabra *zen* es la forma abreviada del japonés *zenna*, transliteración del sánscrito *dhyana*. La raíz de la palabra sánscrita aúna el doble aspecto de «pensamiento» y «ejercicio». *Zen* significa, pues, el proceso de concentración de la mente en un solo punto u objeto.

Las enseñanzas zen se encaminan a la autorrealización o plena realización del propio yo, a saber, a la obtención de la «iluminación», similar a la que había tenido Buda.

En el siglo XII el *zen* pasó de China a Japón. En nuestros días ha irrumpido en Occidente, precisamente cuando está en decadencia creciente en Oriente.

Los objetivos del *zen* se pueden reducir a tres:

- *El desarrollo del poder de concentración.*

Se propone como el resultado de la unificación de la mente y de su aplicación en un solo punto. En este aspecto, coincide en gran medida con el yoga, aunque difieran los métodos empleados. Los rayos solares, concentrados por medio de una lupa, tienen efectos sorprendentes; además de calentar, queman. La luz de la mente unificada mediante la atención y los ejercicios zenistas —posturas, cuenta de las respiraciones, etc.— producirían resultados extraordinarios.

• *Alcanzar la «iluminación».*

La iluminación o autorrealización, plena realización de la mente, es la culminación del *zen*, una mirada interior e intuitiva a lo esencial de las cosas y de uno mismo: el despertar a la propia naturaleza verdadera, o lo que es lo mismo, a la naturaleza de todo lo existente. No es resultado de ningún proceso dialéctico ni de la comprensión lógica e intelectual, ni, por supuesto, fruto de la ayuda divina.

• *La actualización del «camino» supremo en la vida.*

Un objetivo permanente del *zen* es la entrega a cualquier acción, por insignificante que parezca, con atención y conciencia plenas. El *zen* es una técnica de vida que concede la máxima importancia a las más sencillas acciones cotidianas: levantar la mano, masticar la comida, tomar un libro, beber una taza de café. Con todas esas acciones, hechas con la máxima atención posible, uno vive el *zen* y se ejercita en él.

LA ILUMINACIÓN DEFINITIVA MEDIANTE EL TANTRA

Para aquellos que desean alcanzar la meta última de la iluminación total, Buda impartió enseñanzas sobre cómo cultivar la gran compasión y la *bodhichita*, y enseñó las seis perfecciones —la generosidad, la disciplina moral, la paciencia, el esfuerzo, la concentración y la sabiduría— como su práctica principal.

Además, Buda también impartió enseñanzas sobre el tantra. Estas sólo las pueden practicar aquellos que hayan recibido una iniciación tántrica.

El objetivo más elevado que puede alcanzar un ser humano es la iluminación completa, un estado de paz duradera en el que todos los obstáculos que oscurecen la mente han sido eliminados y todas las buenas cualidades, como la sabiduría, la compasión y los medios hábiles, se han desarrollado por completo.

Sin embargo, no podemos alcanzar este objetivo final simplemente deseándolo, sino que debemos utilizar los métodos apropiados para conseguirlo: los caminos del *sutra* y del *mantra* secreto, no existe otro método. Las técnicas reveladas en el *mantra* secreto son superiores a las reveladas en los *sutras*.

No sólo el *mantra* secreto es el camino supremo hacia la iluminación total, sino que además es muy difícil de encontrar. La palabra *mantra* significa «protección de la mente». La función del *mantra* secreto es capacitarnos para progresar con rapidez a través de las etapas del camino espiritual protegiendo nuestra mente de las apariencias y concepciones ordinarias.

El concepto «secreto» indica que estos métodos deben practicarse con discreción. Si mostramos abiertamente nuestras prácticas, tendremos numerosos obstáculos. Sería como revelar en público que poseemos una joya preciosa y, como resultado, atraer la atención de los ladrones.

Yhe Tsongkhapa enseñó que una práctica de mantra secreto auténtica debe poseer cuatro características, conocidas como cuatro purezas completas. Estas son:

- La pureza completa del entorno.
- La pureza completa del cuerpo.
- La pureza completa de los disfrutes.
- La pureza completa de las obras de un Buda.

La práctica de estas cuatro purezas completas no fue revelada en las enseñanzas del *sutra*, sino que sólo se puede encontrar en el *mantra* secreto.

El *mantra* secreto se diferencia del *sutra* por la práctica de traer el resultado futuro al camino espiritual. Por ejemplo, aunque todavía no hayamos alcanzado la iluminación, cuando practicamos el *mantra* secreto intentamos evitar las apariencias y concepciones ordinarias de nuestro entorno.

Del mismo modo, evitamos las apariencias y concepciones ordinarias de nuestro cuerpo, disfrutes y acciones, y en su lugar nos generamos como la deidad, visualizamos nuestros disfrutes como los de un Buda e imaginamos que realizamos las acciones de un Buda.

Con estas prácticas podemos alcanzar con rapidez el estado resultante de la budeidad.

Estas cuatro prácticas son indispensables para practicar tanto el estado de generación como el de consumación del *mantra* secreto.

LAS CUATRO CLASES DE TANTRA

Existen cuatro clases de *tantra*:

- El tantra de acción.
- El tantra de ejecución.
- El tantra del yoga.
- El tantra del yoga supremo.

En el *tantra* de acción se hace hincapié en las acciones externas; en el de ejecución la misma importancia a las acciones externas que a las internas; en el del yoga se pone mayor énfasis en las acciones internas siendo el *tantra* del yoga supremo el más elevado.

En las cuatro clases de tantra se transforman los placeres sensuales en el camino espiritual, pero los métodos para hacerlo son diferentes.

En el tantra de acción, el meditador genera gozo al mirar a una Deidad visualizada, y luego transforma esta mente gozosa en el camino espiritual. En el tantra de ejecución, el meditador genera gozo al imaginar que la Deidad le sonríe, y en el tantra del yoga, al imaginar que la toma de la mano.

En el tantra del yoga supremo, el que medita genera gozo al imaginar que entra en unión sexual con la Deidad y, en etapas más avanzadas, realizando este acto con una consorte real, y entonces transforma el gozo resultante en el camino espiritual. Sin embargo, debe tenerse en cuenta que resulta muy difícil utilizar este gran gozo como método para alcanzar la iluminación, y que aquel que lo consigue alcanza un gran logro.

Por lo general, el budismo enseña que el apego (o el deseo en cualquiera de sus formas) es una perturbación mental que debe ser evitada y finalmente eliminada, pero en el *mantra* secreto existe un método para transformar el apego en el camino espiritual.

Sin embargo, para practicar este método, debemos hacerlo con destreza. En esta práctica utilizamos el apego para generar gran gozo y entonces utilizamos esta mente de gran gozo para meditar en la vacuidad. Sólo de este modo se puede transformar el apego.

El apego por sí mismo no se puede utilizar directamente como un camino porque es un engaño, e incluso en el *mantra* secreto debe ser finalmente abandonado. En la práctica auténtica del mantra secreto, la mente de gozo generada a partir del apego medita en la vacuidad y de esto modo elimina todas las perturbaciones mentales, incluyendo el apego mismo.

Aquellos que no tienen destreza o cuyas mentes no están adiestradas, no pueden realizar estas prácticas de transformación. Por este motivo, los yoguis y grandes meditadores del pasado dijeron que para alcanzar las realizaciones del *mantra* secreto, debemos controlar la mente adiestrándonos en las etapas del camino del *sutra*. Sin establecer estos firmes cimientos, no es posible alcanzar la experiencia pura del *mantra* secreto.

Debemos tener en cuenta que el gran gozo espontáneo de la etapa de consumación del *mantra* secreto no es lo mismo que el placer ordinario que se obtiene al mantener una relación sexual.

El gran gozo espontáneo sólo se experimenta cuando, gracias al poder de la meditación, causamos que los aires internos entren, permanezcan y se disuelvan en el canal central y, como resultado, la gota blanca se derrita y fluya por el canal central.

LA MEDITACIÓN TRASCENDENTAL

Esta práctica promovida por una gran organización con sede central en la India tiene una amplia ramificación con filiales en Suiza, Alemania y Estados Unidos.

Como el yoga y el *zen*, consta de unos recursos psicotécnicos que se apoyan en un trasfondo doctrinal determinado. Y como ellos —excepto en algunos casos de orientación simplemente pragmática, psicotécnica— el movimiento de la «meditación trascendental» o «tántrica», más que infiltrar la religiosidad oriental en Occidente en contra del cristianismo, aspira a conseguir una síntesis de ambos. Refleja con nitidez el espíritu ecléctico de los hindúes.

Aunque se denomine «meditación», no lo es en el sentido que este término tiene en Occidente. No es una reflexión especulativa o filosófica ni simplemente discursiva sobre una idea, un tema o una realidad. Tampoco se trata de una meditación de índole religiosa o espiritual, es decir, una oración hecha con la mente o los pensamientos, que se compaginan con el corazón, los afectos, y desemboca en la adoración de Dios, en la acción de gracias, en reparación, en petición. La meditación trascendental se caracteriza por la ausencia deliberada de todo esfuerzo en los ejercicios de interiorización. Se deja que la «meditación», la concentración, la interiorización, el gozo y la calma broten por sí mismos en el interior de las personas.

EL CAMINO HACIA LA LIBERACIÓN:
LA TÉCNICA VIPASSANA

Buda dijo: «Cualquier sufrimiento que surja, tiene una reacción por causa. Si todas las reacciones cesan, entonces no hay más sufrimiento».

Entre las herramientas que enseñó a sus contemporáneos para detener la reacción y alcanzar la liberación, se encuentra una sencilla y poderosa técnica para desarrollar la capacidad de contemplar las cosas tal como son. Esta técnica se llama *vipassana*, que significa «visión cabal» y consiste en trabajar erosionando poco a poco las respuestas condicionadas hasta liberar totalmente a la mente. Se trata pues, de un camino racional y paciente.

Para practicar *vipassana* sólo hay que observar con atención y ecuanimidad las sensaciones en todo el cuerpo. Estas sensaciones se experimentan debido a la infinita variedad de combinaciones de las cualidades básicas de la materia —masa, cohesión, temperatura y movimiento— que presentan las partículas subatómicas llamadas *kalapas*.

Cuando se adquiere la capacidad de observar cualquier sensación sin reaccionar ante ella, la mente empieza automáticamente a penetrar más allá de la realidad aparente del dolor hasta alcanzar su naturaleza sutil que no consiste más que en vibraciones que surgen y desaparecen a cada instante. Así es como se adquiere la conciencia de que todo tiene un tiempo de duración determinado pasado el cual se termina y surge algo nuevo. A esta única constante que es el cambio, se le llama *anicha*, impermanencia. Cuando finalmente se experimenta la realidad sutil, la conciencia del *anicha* permite vivenciar la inutilidad del apego y se alcanza la liberación del sufrimiento.

Como consecuencia secundaria de aprender a observar las sensaciones sin reaccionar ante ellas, la mente se reprograma a sí misma permitiéndose actuar con plena conciencia en lugar de reaccionar automáticamente frente a los acontecimientos.

Es por ello que todo el esfuerzo se basa en aprender a no reaccionar, a no producir nada negativo cuando aparece la sensación y comienza el desagrado o el agrado. Si hay conciencia en ese momento efímero y se detiene la reacción, uno se limita a observar la sensación y ésta no se intensifica hasta transformarse en deseo o aversión y no se convierte en una emoción intensa que termina por dominar a la mente consciente, sino que simplemente desaparece.

Aunque al principio esta conciencia se logra sólo por unos breves instantes, esos momentos son muy poderosos porque ponen en marcha un proceso inverso, el de la purificación. Y así poco a poco, con la práctica, los segundos se convierten en minutos y los minutos en horas hasta que finalmente queda erradicado el viejo hábito de reaccionar y la mente permanece siempre en paz. Ésta es una forma efectiva con la que puede detenerse el sufrimiento, según lo comprobó el mismísimo Buda.

UN LARGO Y PROVECHOSO CAMINO

Si uno quiere recibir la instrucción del *vipassana*, es necesario tomar un curso que puede durar de diez días a un mes. Durante este tiempo, el estudiante vive la vida de un monje ya que por un lado acepta acatar las normas del curso practicando diversas abstinencias y por otro, subsiste de la caridad, ya que durante todo el período de entrenamiento será alojado, servido y alimentado gracias a la buena voluntad de otros estudiantes antiguos quienes deseosos de compartir los beneficios de esta técnica con otros, han donado dinero, tiempo y esfuerzo para que nuevos cursos sean posibles.

Temporalmente convertido en monje o monja, el estudiante de *vipassana* observa rigurosamente *sila* (conducta ética), práctica *samadhi* (concentración de la mente), y adquiere *pañña* (sabiduría).

El Código de Disciplina estipula los cinco preceptos siguientes:

- Abstenerse de matar a cualquier criatura.
- Abstenerse de robar.
- Abstenerse de toda actividad sexual.
- Abstenerse de mentir.
- Abstenerse de todo tipo de intoxicantes.

Asimismo hay que acatar la disciplina, la guía y las instrucciones del profesor, observar silencio absoluto durante el tiempo de aprendizaje (excepto durante las entrevistas con los profesores o en casos de emergencia), abstenerse de cualquier contacto físico o visual con los compañeros, conformarse con la comida vegetariana, privarse de cualquier distracción o contacto con el exterior, respetar el horario que comienza a eso de las cuatro de la mañana y termina hacia las nueve de la noche, y suspender durante el curso entero todo tipo de ejercicio y práctica religiosa que normalmente lleve a cabo.

Como vemos, se trata de apartarse de todo durante un tiempo que se considera de purificación, que servirá para entrar en el estado ideal mediante el cual alcanzar la purificación cercana a un buda. Evidentemente, el *vipassana* es una técnica que recomendamos solamente a aquéllos que estén convencidos de que el budismo es el camino a seguir.

Se dice que cuando un alumno prueba el *vipassana* ya no puede renunciar a él. Sin embargo, se ha de tener en cuenta que al principio puede parecer un poco duro y que en muchas ocasiones no se puede mantener con el ritmo de vida occidental.

LA METTA BHAVANA: EL DESARROLLO DEL AMOR Y LA BONDAD MEDIANTE LA MEDITACIÓN

Bhavana significa «cultivo» o «desarrollo» y *Metta* quiere decir «amor», «amistad» o «amor y bondad». Ésta es una práctica en la que, activamente, se cultivan estados mentales muy positivos hacia otras personas, así como también hacia nosotros mismos.

Esta meditación nos ayuda a traer más armonía a nuestro contacto con los demás, de modo que tengamos menos conflictos, resolvamos dificultades existenciales y profundicemos en nuestras relaciones con la gente que convivimos. Nos ayuda a tener más empatía y a ser más considerados, amables y tolerantes. Asimismo, podemos aprender a apreciar mejor a los demás, concentrándonos en sus cualidades positivas y haciendo menos caso a sus errores.

Desde un punto de vista budista, las emociones no «simplemente suceden», son hábitos que uno crea de manera activa. Parece que tienen vida propia porque no somos conscientes del momento en que las hemos creado. Si nos hacemos más conscientes de nuestra vida emocional podemos cultivar las emociones que queremos tener (las que nos hagan felices a todos). También podemos disminuir el surgimiento de las que no queremos (las que nos hacen infelices y provocan conflictos con los demás).

El amor del budismo es universal, hacia todos y hacia todas las cosas. Sin exigencias, sin pedir nada a cambio, sin esperar respuesta. Ésta es la única forma en la que el amor puede conducir a la felicidad.

EJERCICIO DE ATENCIÓN A LAS EMOCIONES

Lo primero que hay que hacer es tomar conciencia de cómo nos sentimos en este momento. Esto es básico, y para ello probaremos el siguiente ejercicio:

• Siéntate en silencio y concéntrate en tu cuerpo.

• Conforme te hagas consciente de cada músculo, relájalo lo mejor que puedas.

• Lleva la atención a tu corazón y comprueba qué emociones están presentes.

• Sonríe suavemente y ve lo que pasa.

Si se practica este ejercicio varias veces, llega el momento en que uno es capaz de llevarlo a cabo en un momento de máximo estrés. Cuando los problemas agobian y las emociones se confunden, esta técnica ayuda a ver las cosas con claridad.

• Recuerda: cualquier emoción que estés sintiendo (buena, mala o neutral) está bien. Puedes trabajar con esas emociones y, de hecho, tendrás que partir de donde estés.

• Cuando estés listo, vuelve tranquilamente al mundo exterior.

LOS CINCO ESTADIOS

En la práctica de la *Metta Bhavana* cultivamos amor incondicional, amistad, bondad. El objetivo es llegar a ser como una fogata emocional: un destello fijo de calor emotivo que abrace a todos los seres sensibles que podamos concebir. Es una meta al alcance de cualquier ser humano. Eso sí, se requiere de tiempo y un esfuerzo constante.

La meditación se hace en cinco estadios. Cultivamos *Metta* hacia:

• Nosotros mismos.

• Un buen amigo.

• Una persona «neutral», es decir, alguien por quien no sentimos nada en especial.

• Una persona «difícil», o sea, alguien con quien tenemos conflictos o sentimientos de animosidad.

• Todos los seres sensibles (es decir, todos los seres que puedan sentir placer o dolor).

En el primer estadio, revisa tu postura y profundiza en la atención a tu cuerpo. Toma conciencia de tus sentimientos. No necesitas etiquetarlos, basta con que notes que ahí están. Procura aceptar las emociones que descubras, no importa cómo sean, agradables o desagradables. Si no sientes nada en especial, observa si puedes aceptar esa neutralidad.

Durante la práctica te concentrarás en esas emociones. Mantente enfocado en ellas durante toda la meditación. Si te distraes, vuelve a poner atención a tu cuerpo y, luego, a tus emociones.

Para trabajar con tus emociones, usa una palabra, una frase, un recuerdo o tu imaginación. Conforme trabajes con el método que elegiste, sigue atento al efecto que éste produzca en tus emociones, que son el centro de tu foco.

En el segundo estadio, antes de empezar, piensa en un buen amigo o amiga, alguien que te agrada y con quien te llevas bien. Hacia esa persona cultivarás amor y bondad en el segundo estadio de la práctica. Revisa tu postura y profundiza en la atención consciente a tu cuerpo.

Ahora, hazte consciente de tus emociones y realiza el primer estadio de la práctica, deseando que estés bien. Después de desearte lo mejor durante 5 o 10 minutos, pasa al segundo estadio. Para este segundo estadio, trae a tu mente a ese buen amigo y deséale que esté bien.

Sigue estos tres pasos para elegir a la persona:

- Alguien que tenga más o menos tu edad.
- Alguien por quien no sientas ninguna atracción sexual.
- Alguien que esté vivo.

Cuando pienses en tu amigo o amiga, quizá notes que es útil verlos con el ojo de la mente. Imagínalos sonriendo y felices. Puedes repetir: «Que estés bien, que seas feliz, que te liberes de todo sufrimiento», o puedes decirle lo que te gusta de ella o de él. Puedes desearle cosas específicas que sabes que le harían feliz o que aminorarían sus padecimientos. Por ejemplo, puedes desearle que no tenga deudas o que sea capaz de sentir aprecio por su persona.

En el tercer estadio cultivaremos *Metta* hacia una «persona neutral». Antes de empezar, trae a tu mente a alguien neutral, alguien por quien no tengas sentimientos especiales. Quizás traerlos a la mente te haga sentir algo, pero se trata de alguien que no es tu amigo ni tu enemigo. Puede ser un conocido o alguien relativamente desconocido.

Como siempre, revisa tu postura, lleva tu atención profundamente a todo el cuerpo, relájate y hazte consciente de tus emociones.

Haz los dos primeros estadios de esta meditación (cultivo de amor incondicional hacia ti mismo y hacia un buen amigo) y luego trae a la mente a alguien por quien no sientas nada en especial.

Ya que elegiste a esa persona, deséale que esté bien, con palabras o frases, con la imaginación, o extendiendo hacia ella cualquier sentimiento de amor que hayas construido en los dos primeros estadios.

Puedes usar la imaginación y compartir con esa persona alguna bella experiencia. Puedes visualizar un encuentro en la vida real, sólo que, esta vez, imaginarás que te comportas de un modo más amistoso.

En el cuarto estadio cultivaremos *Metta* hacia una «Persona Difícil». Revisa tu postura, relájate, toma conciencia de tu cuerpo y recórrelo con toda tu atención. Luego, haz los tres primeros estadios, desarrollando *Metta* hacia ti mismo, hacia una buena amiga o amigo y hacia una persona neutral.

Entonces, pasamos a cultivar *Metta* por una persona con la que no nos llevamos bien. Puede ser alguien con quien hace mucho que traemos un pleito. Quizá sea algún amigo con el cual, sin embargo, estamos teniendo problemas.

Trae a esa persona a tu mente y sé honesto con lo que sientes. Es probable que haya incomodidad. Nota cualquier tendencia a pensar mal de esa persona o a profundizar en el conflicto existente (por ejemplo, a caer en discusiones al respecto). Enseguida, deja que se disipen esas tendencias. En lugar de eso, deséale «que esté bien, que sea feliz, que se libere del sufrimiento».

Y finalmente, en el quinto estadio, cultivaremos *Metta* hacia todos los seres sensibles. Como siempre, iniciamos desarrollando atención consciente al cuerpo y contactando con nuestras emociones. Después, hacemos los cuatro primeros estadios. Al llegar a esta última etapa de la práctica, expandimos nuestros buenos deseos como ondas que se extienden en círculos cada vez más amplios.

Esta técnica resulta bastante complicada, por lo que resulta indispensable tener un maestro que nos ayude a conocer nuestros errores y rectificarlos.

Empieza por ti mismo, por tu amigo o amiga, por la persona neutral y por la persona difícil. Visualiza juntos a los cuatro y desea que todos estén bien, los cuatro por igual. Nota si tiendes a tener favoritismos, deseándole más felicidad a tu amiga que a los demás.

Ahora, deja que tus buenos deseos se extiendan en círculos cada vez más amplios, hasta que te encuentres deseando que todos los seres sensibles estén bien y sean felices.

EL BUDISMO EN COMPARACIÓN
CON EL RESTO DE RELIGIONES

Como ya se ha comentado en este libro, el budismo resultó una innovación, casi una revolución en el pensar religioso. Pero ese carácter novedoso sigue conservándose aún hoy en día, 2.500 años después de su aparición. Muchas religiones surgieron después, pero aunque todas supusieron una revolución, no dejaron de tener puntos en común. En cambio, si comparamos la religión budista con el resto de credos que se procesan en el mundo vemos que sus diferencias son abismales. Entre el resto de doctrinas encontramos, en muchas ocasiones, más puntos de contacto. En cambio, el budismo es la que más se separa de todas ellas. Este hecho ha provocado que en muchas ocasiones fuera difícil acercarse al budismo. Su doctrina era tan diferente que resultaba turbadora para los creyentes de otras religiones.

La filosofía budista es un estilo de vida que poco tiene que ver con el que ostentan el resto de creencias. Algunos creen que tiene un carácter más filosófico que religioso. De hecho, buena parte de la filosofía alemana estaba inspirada en las costumbres budistas. Hay estudiosos que piensan que algunas ciencias evolucionaron siguiendo modelos budistas. De todas formas, no se puede ratificar esta opinión, puesto que la ciencia y la religión persiguen objetivos muy diferentes.

Para comprender bien las diferencias entre el budismo y el resto de las religiones analizaremos los principales conceptos que la diferencian del resto, a grandes rasgos. Es decir en los puntos que aparecen en todas las religiones y que son tratados de una forma diametralmente opuesta dentro del seno del budismo. Tras abordar estos conceptos, nos concentraremos en hacer una comparación del budismo con cada una de las religiones mayoritarias de nuestro planeta.

SIN UN ORIGEN CONCRETO

La mayoría de los estudiosos de la religión, están seguros de que éstas aparecen para dar respuesta a las preguntas que el hombre no puede contestar. De esta manera, cuando el hombre primitivo no entiende por qué caen rayos, crea la imagen del dios del rayo. Es una forma de poder seguir adelante, sin que las preguntas y las dudas nos paralicen.

De esta manera, cuando surge la ciencia desaparecen buena parte de estas religiones que tenían más de superchería que de doctrina. Sin embargo, el hombre sigue teniendo una profunda naturaleza espiritual y necesita el consuelo de la religión.

La mayoría de las investigaciones creen que las religiones surgen de las preguntas nunca contestadas por ninguna ciencia, el existencialismo en estado puro: ¿de dónde venimos?, ¿hacia dónde vamos? Estas preguntas sólo se pueden contestar con la existencia de un ser superior, al que por tanto se le debe rendir tributo.

Si examinamos las religiones de todo el mundo encontramos siempre el mito de la creación del mundo. En todas las doctrinas se responde a esa duda y en muchas se da también una fecha de caducidad a nuestra presencia en la Tierra, el famoso fin del mundo o Apocalipsis.

El objetivo de la mayoría de las religiones del planeta es, por lo tanto, descubrir el principio de los tiempos para entender así nuestro papel en el universo. Es lo que se llama la cosmología de las religiones, es decir, la visión que cada una da del mundo.

Sin embargo, el objetivo del budismo no es ése. Los budistas creen que esas preguntas no tienen respuesta, que nunca se podrá demostrar y que por lo tanto de nada sirve enfrascarse en busca de una respuesta que nunca llegará.

Como ya se ha comentado, el budismo carece de dogmas. Por ello no ofrece una explicación de algo que nunca se podrá llegar a saber con certeza, ni siquiera con la meditación más elevada. De esta forma, nos encontramos ante una de las pocas religiones que no tiene un mito creador. Es cierto que algunas ramas, seguramente influidas por otras religiones, han intentado dar alguna directriz en este sentido. Pero lo cierto es que no hay ninguna historia dentro del seno de creencias budistas que explique cómo se creó el mundo.

Muchos creen que esta actitud es más científica que religiosa. Como no se puede demostrar con exactitud qué ocurrió es mejor no aventurar teorías que reconstruyan este conocimiento. Sin embargo, la ciencia pide datos concretos mientras que el budismo exhorta a sus adeptos a comprobar vivencialmente todo lo que se les explica. El budismo renuncia a saber más de nuestra presencia en la Tierra porque esa información no podrá ser vivida como una experiencia dentro de la meditación.

¿Por qué los budistas no se interesan por el principio de los tiempos? Ésta es la pregunta que surge al conocer su total desinterés. La respuesta es tan fácil como pragmática: ¿de qué sirve conocer el origen del mundo? El objetivo del budismo es intentar erradicar el sufrimiento del hombre. Esa información no serviría para solucionar el problema, así que deja de ser importante. De hecho, al abstraerse de las pasiones se separan también de las curiosidades e inquietudes típicas humanas.

Esta diferencia es mucho más importante de lo que pueda parecer *a priori*. Se trata de una de las pocas doctrinas que no necesita ordenar el mundo desde un punto de vista lineal. La cronología de los acontecimientos no tiene ningún sentido. Lo importante es cómo ser feliz y por tanto se investigan las causas del sufrimiento aquí y ahora.

Casi todas las religiones justifican el dolor como una herencia del pasado. Los hombres inmortales ofendieron a Zeus, que acortó sus vidas y les obligó a trabajar. Eva le ofreció a Adán la manzana y en consecuencia fueron expulsados del paraíso. Y así encontraríamos un sinfín de historias que explican por qué el hombre está condenado a sufrir. Sin embargo, ninguna de ellas dan una solución. Se edifican en un pesimismo de base, es decir en un error irresoluble que hace que la realidad no se pueda cambiar.

Sin embargo, el budismo cree que es posible encontrar cura para el sufrimiento. Por tanto, éste no puede ser algo impuesto del que no nos podemos zafar. Al abordar el problema desde otro punto de vista, se abre la vía de encontrar soluciones efectivas.

Este cambio de mentalidad es el que permite que se desarrolle toda la filosofía budista. No importa lo que haya sucedido antes, ya que ésta es la situación que nos ha tocado vivir, pero eso no quiere decir que nos tengamos que quedar con los brazos cruzados.

El universo budista, por lo tanto, se ordena de forma completamente diferente al del resto de religiones. El objetivo final no es comprender nuestra historia sino dejar de ser eternamente infelices. Esta doctrina nos hace más responsables de lo que ocurre. No dependemos de algo que no

---

Algunos analistas consideran que el budismo no es una religión, precisamente porque no está interesada en dar respuesta a la génesis del mundo. Por ello, está exenta de esa carga metafísica que tienen el resto de doctrinas. Ello hace que algunos la traten como una psicoterapia, puesto que lo que pretende es encontrar remedios para que el hombre deje de sufrir. En este sentido, algunos creen que es el embrión de la psicología moderna, más que una religión propiamente dicha.

Una de las muchas esculturas de Buda en la que podemos observar una de las posiciones más clásicas de meditación.

podemos cambiar sino de nosotros mismos. Pese a que se niega la identidad individual, muchos estudiosos opinan que este credo es el más individualista que existe. Cada uno es responsable de lo que hace, de las consecuencias que tendrán sus acciones y de conseguir llegar a alcanzar la felicidad.

SIN DIOSES LATENTES

Cuando se estudian las religiones se analizan dos parámetros: la génesis del mundo que ofrecen y su panteón de dioses. Aquí volvemos a encontrar problemas para tratar el budismo. Como ya se ha comentado anteriormente, no existen dioses propiamente budistas, aunque tampoco se niega la existencia de éstos.

Este concepto se entiende mejor en relación con el anterior párrafo. El concepto de Dios surge dentro del mito creador. Si el mundo tiene un origen tiene que haber un Ser Supremo que lo haya originado. Sin embargo, si no importa el principio de los tiempos, es mucho más fácil no concebir la existencia de las divinidades.

Todas las religiones tienen un panteón de deidades que son mucho más superiores que el hombre. Tienen poderes que éste nunca alcanzará por su condición humana. Por lo tanto, está indefenso ante ellas. Ha de acatar sus designios aunque no los comprenda. Éste es un concepto que resulta inadmisible dentro del budismo. Cada hombre y cada mujer deben comprobar todo lo que se les explica. No tienen que creer, tienen que experimentar. Ésta es la diferencia básica con la mayoría de doctrinas. Por ello no existe el dogma de fe. El mismo Buda les pidió a sus discípulos que no creyeran nada de lo que él les había explicado hasta que lo comprobaran por sus propias vías.

De esta forma volvemos al concepto de responsabilidad individual que ya abordamos en el anterior apartado. El hombre no puede echarle la culpa a los dioses de su mala fortuna ni agradecerles que le ayuden. No puede descargar en ellos una responsabilidad propia. Por lo tanto, el camino es más duro, pero en cierta forma más justo. Cada cual evoluciona y consigue logros por sí mismo. No hay un dios que le empuje ni que ponga palos en sus ruedas.

Sin embargo, y como ya se ha comentado en este libro, se puede creer en los dioses, pero sin atribuirles la carga que tienen en otras religiones. Según Buda antes de alcanzar el *Nirvana* todos nos habremos reencarnado alguna vez en un dios.

¿Cómo son, por lo tanto, los dioses budistas? La primera particularidad de estas divinidades es que son mortales. Esto no ocurre en ninguna religión. Como los dioses suelen explicar el principio de los tiempos, tienen que ser, a la fuerza, eternos. En cambio, en el budismo su presencia no se debe a que tengan que justificar el mito de la creación y por lo tanto están expuestos a la muerte.

Uno se reencarna en dios tras muchas vidas en las que se ha alcanzado un estado evolucionado de la conciencia y se han llevado a cabo buenas acciones. De esta manera, surgen estas deidades que vienen a ser como los santos. Están aquí para ayudar al resto de la humanidad.

De esta forma, el budismo no renuncia al principio básico que busca cualquier religión: conseguir que sus seguidores se reconforten. Estos *devas* o santos tienen algunos poderes. Mediante ofrendas premian a sus creyentes con concesiones mundanas. Es decir, pueden intervenir en los asuntos terrenales. En cambio, les es imposible influir en las reencarnaciones futuras. Pueden guiar a sus adeptos para que ellos mismos mejoren, pero no les pueden conceder una mejor reencarnación en la rueda del *samsara*.

De esta forma, se acerca la idea de dios al hombre. El resto de religiones intentan hacerlo presentando a una divinidad misericordiosa, pero el budismo hace que la deidad sea un hombre que ha evolucionado y por tanto entiende mejor que nadie las dudas del resto de humanos.

El dios nace y muere, por lo que es mucho más fácil identificarse con él. Además, sus poderes no son sobrenaturales. Provienen del trabajo en anteriores vidas, de sus logros conseguidos, de su bondad. Son valores plenamente humanos que conectan más fácilmente con el razonamiento de los hombres. Un dios es un ser evolucionado, no un superior. De esta forma es una inspiración, una meta y no algo inaccesible e incomprensible.

En este punto cabe destacar también que Buda tampoco tiene un origen divino. Buda no es un dios ni un emisario de éstos. En este punto también se separa de las grandes religiones occidentales. Las figuras principales de las mismas podían ser divinas (como Jesús) o estar en contacto directo con Dios (Moisés o Mahoma). Sin embargo, los méritos de Buda están en él mismo y no provienen del exterior. Él ha encontrado un camino individual que comparte con el resto de la humanidad.

Algunas ramas del budismo adoran a Buda como a un dios, pero él mismo negó que quisiera recibir ese trato. Buda debe ser una inspiración, tal vez un modelo a seguir, pero no una divinidad. Sin embargo, se le puede honrar con ofrendas y se le puede invocar durante la meditación para que guíe nuestros pasos hacia niveles de sabiduría superiores.

SIN PECADOS

Al no haber un Dios, tampoco existe el concepto de Cielo e Infierno, o de castigo y premio concedido al azar por la divinidad. En la mayoría de las religiones las malas acciones son condenadas por el Ser Supremo. Éste no quiere que se haga el mal, por tanto prepara castigos para los humanos que caigan en el pecado.

Los estudiosos de las religiones consideran que éstas surgen para garantizar la supervivencia de las sociedades. Una vez han contestado a las preguntas existencialistas (¿de dónde venimos?, ¿a dónde vamos?) se crea un entramado de preceptos y normas. El objetivo es crear una coexistencia pacífica. Los mandamientos de casi todas las religiones incluyen no matar, no robar y en muchos casos no cometer adulterio. De esta forma se sientan las bases de una convivencia pacífica entre los miembros del grupo.

En este sentido, el budismo hace lo mismo que el resto de religiones. Pero la diferencia es la razón última por la que se fijan estas bases. En la mayoría de doctrinas estas faltas son pecados y por tanto se crea el temor a cometerlos. Si se llevan a cabo, uno será castigado por su dios. Si no es en ésta vida, será al final de la misma. Así se crean el Cielo para los justos y el infierno para los pecadores. El pecado es cometer el mal y ofender a la divinidad.

En cambio, dentro del budismo no hay nadie que tenga que regañarnos por hacer acciones negativas. Éstas se volverán en nuestra contra en una vida futura. Es decir se creará un *karma* negativo y estaremos expuestos a las consecuencias de todas nuestras acciones, ya sean buenas o malas. La diferencia es sutil, pero resulta básica para entender la diferencia.

La religión puede prohibir muchas cosas que socialmente sean reprobables, pero que verdaderamente no atenten contra nadie. Por ejemplo, el sexo. Los cristianos sólo lo conciben dentro del matrimonio y con la finalidad de procrear. Parece que cualquier uso placentero del mismo nos condene. Sin embargo, el budismo no prohíbe que el hombre disfrute de lo que quiera, siempre y cuando no haga daño a los demás. Por ejemplo, el adulterio o el engaño para conseguir sexo serían negativos. Estamos haciendo daño a otra persona y esa acción, tarde o temprano, se volverá en nuestra contra. En cambio, llevar a cabo un trío o incluso una orgía no tiene por qué ser malo, si todos los participantes están de acuerdo y lo disfrutan. Sin embargo, lo que sí sería condenable sería la obsesión por llevar a cabo algo así, porque entonces estaríamos mostrando demasiado apego y demasiadas necesidades hacia algo terrenal.

El budismo no prohíbe el placer, como ocurre en muchas doctrinas. La mayoría de las religiones creen que cuanto más se sufre, mejor se comporta uno. Sin embargo, Buda fue completamente contrario a esta aseveración. El hombre tiene que huir del dolor, ésa es su responsabilidad más importante. Por lo tanto, no tiene ningún sentido que se castigue a sí mismo. Eso sí que sería condenable desde un punto de vista budista.

Por lo tanto nos encontramos ante una religión en la que el concepto de pecado no existe. Sin embargo, tampoco existe el de perdón. A uno no le basta con arrepentirse de sus malas acciones para ser perdonado por un Ser Supremo, como suele acontecer en muchas doctrinas. Las acciones generan reacciones. Si éstas son malas, las consecuencias serán negativas. Si son buenas, serán positivas. Pero unas no borran a las otras, se suman. Por eso de nada sirve que alguien perdone una afrenta, el daño cometido está ahí. Volvemos al concepto de *karma*. Si lanzamos una flecha tendrá un trayecto y acabará en algún lugar. Con cada acción sucede lo mismo. Una vez se ha hecho, tiene su trayectoria y no hay nada que pueda detenerla.

Uno, por lo tanto, es responsable de su conducta ante sí mismo. No hay nadie que pueda decir lo que es bueno y lo que es malo. Cada cual lo sabe y es totalmente responsable de lo que haga con su vida. De todas formas, las consecuencias se pagarán en otra vida. Y eso no será un castigo. Simplemente alargará la rueda de las reencarnaciones, lo que tampoco es interpretado como algo negativo. Es algo que ocurre y que los budistas aceptan.

«La creencia en un orden moral universal que se manifiesta en la retribución kármica, releva al budismo de la aceptación de un creador de los preceptos morales y de un juez riguroso que vele por el mantenimiento de las prescripciones morales dejadas por él y se haga cargo de la recompensa y del castigo en el más allá».

HELMUT VON GLASENAPP

Por todo ello muchos creen que el budismo crea un universo ético más que uno religioso. El cosmos está regulado por leyes que facilitan las buenas acciones porque éstas son beneficiosas para el que las lleva a cabo. De esta forma no hace falta un juez ni un castigo, que es lo que suelen ofrecer el resto de credos para llevar a sus feligreses por el buen camino.

Así se resume el concepto del que se ha hablado en este apartado. Los dioses no tienen razón de ser, porque la ley universal o cósmica es la que demuestra que el bien tiene buenas consecuencias y el mal no.

DEFENDIENDO LA TOLERANCIA

Como se ha comentado a lo largo de este libro, el budismo es una de las religiones más tolerantes. Una de las pocas que no ha tenido ninguna guerra en nombre de sus creencias. Esta diferencia tiene mucho que ver con sus preceptos.

Cualquier religión es un principio pacifista. Sin embargo, a la hora de la verdad, si examinamos la trayectoria histórica de las principales, encontramos que son muchos los conflictos que se han desencadenado por razones místicas, al margen de la existencia de otros intereses. ¿Qué es lo que hace que el budismo no tenga ninguna en su haber?

Una de las razones la encontramos en el punto anterior. El pecado no existe, la confesión tampoco y aún menos el castigo. En muchos ritos se han de llevar a cabo ciertas acciones para demostrarle a la comunidad que uno sigue los preceptos mandados por su dios. En cambio, en el budismo uno sólo responde ante sí mismo. De ésta manera, no se puede emplear esta religión como instrumento del poder.

Este punto es mucho más importante de lo que parece. En general, las religiones no nacen con un interés belicista ni negativo. Sin embargo, algunas pueden ser empleadas con más facilidad por el poder (ya sea el gobierno o la elite económica). Son siempre los hombres los que corrompen a las religiones. Por ejemplo, las Cruzadas no son culpa del catolicismo, sino de los que querían extender su poder hacia aquéllas tierras y emplear la excusa de Dios para satisfacer sus intereses políticos y económicos. La Guerra Santa nace de la necesidad de imponer las ideas, concepto que nunca se encontrará en el budismo.

Sin embargo, la estructura budista es tan horizontal e igualitaria que resulta difícil (nunca imposible) que se pueda emplear para servir intereses corruptos. El budismo renuncia al mundo, por lo tanto los problemas de éste no pueden preocupar a un seguidor de estas enseñanzas. No hay ninguna razón lo suficientemente poderosa para desencadenar un conflicto. Si se busca el desapego de lo terrenal es muy difícil por no decir imposible que cualquier cosa que acontezca pueda romper con este pretexto. Además, se trata de un camino individual, por lo que no se pueden imponer órdenes. La jerarquía monástica está para ilustrar y ayudar, no para ordenar.

A la sazón, al no haber castigo, uno no puede tampoco imponerlo ni reclamarlo. El ritual más importante del budismo es la meditación y en ese estado nadie puede saber qué está ocurriendo, por lo tanto no se puede juzgar a nadie. Existen religiones que al radicalizarse pueden exigir a sus seguidores ciertas normas (que vayan a misa, que no coman cerdo, que oren...). Sin embargo, los budistas no condenan nada de lo que se haga. Esas acciones irán en contra de uno mismo, así que cada cual se arreglará con su *karma* y sus reencarnaciones.

El budismo es un camino muy duro por lo que se permite que cada miembro se vincule en el grado que lo desee. De esta forma, se evita el proselitismo clásico: intentar aumentar el número de miembros a toda costa. Los maestros sólo ayudan a llegar a estados superiores de conciencia a quienes así lo deseen. Si no se quiere alcanzarlos, no se pueden imponer de ninguna manera, puesto que se trata de una evolución personal. No se puede obligar a nadie a mejorar si éste no quiere.

Por otra parte, al no haber divinidades, tampoco hay ofensas que se tengan que vengar para que el dios esté contento. Si alguien insulta a un Buda, no se desencadenará una guerra para defenderle. Los Budas están por encima de los insultos y los que los profieren están muy lejos de conseguir su estado de sabiduría. Además, sentir odio o rencor aleja al budista de su camino. Por lo tanto, no se puede desencadenar una guerra porque atenten contra su religión. Los asuntos mundanos no pueden provocar sus emociones. Y su religión intenta erradicar las emociones perjudiciales como la ira o el odio.

Por otra parte, el budismo es un culto muy flexible. Acepta la existencia de dioses de otros cultos, aunque no cree en ellos. En la India adoptó buena parte del panteón hindú. Si un país católico se hiciera budista, por ejemplo, no tendría por qué desaparecer el culto a los santos, simplemente cambiaría. Éstos seguirían allí, como ejemplo a seguir y sus imágenes podrían conservarse para inspirar a sus seguidores. Por tanto, no es una religión que prohíba el resto. Lo cierto es que si se adopta no se puede pertenecer a otro culto, pero generalmente porque las creencias del resto de doctrinas así lo ordenan.

De hecho, el budismo se adapta de forma diferente en cada país. Normalmente, incorpora elementos de estas religiones, como podía ser el ejemplo de los santos. No niega lo que predica ese culto sino que suma. Abre nuevos caminos que no son contradictorios sino que se presentan como más profundos. De este modo, no supone un cambio radical, sino una evolución del sentimiento religioso.

> «Si se insultara al Buda, un budista vería muy poca razón para torturar o matar a la persona que lo insultara. ¿Para qué indignarse cuando se insulta a los Budas? A los Budas no los alcanzan las blasfemias».
>
> *E. CONZE*

Algunos creen que el budismo es una «metareligión». Va más allá que el resto de cultos. Por tanto, no es imposible llegar al budismo desde otra religión diferente. De esta forma, el budismo no ve al resto de religiones como competencia directa y no tiene nada en contra de ellas. Eso hace imposible que emprenda una guerra contra cualquier otro credo. Asimismo, este respeto hace que se hayan ganado el respeto de algunas comunidades. Es cierto que siempre habrá algunas que la vean como una amenaza, pero su carácter poco hostil también sirve para evitar los conflictos.

Se ha de tener en cuenta que el insulto al dios de cada religión es la principal razón para comenzar una guerra o un enfrentamiento. Si esa razón se elimina, las posibilidades de conflicto decrecen.

COMPARATIVA CON EL JUDAÍSMO

Los judíos tienen una de las religiones monoteístas más antiguas que existen. En una época en que todas las tribus y civilizaciones tenían un extenso panteón de dioses, los judíos ya creían en Dios como única divinidad.

Los budistas no son monoteístas. De hecho, como ya se ha comentado en capítulos anteriores incluso se podría decir que no son teístas. Incorporan las divinidades de diferentes religiones a su culto en la medida que éstas puedan ayudarles a meditar y a crecer desde el punto de vista espiritual. Por lo tanto no pueden adoptar un sólo Dios que les separe de los demás.

La principal diferencia entre el budismo y el judaísmo se encuentra en el carácter grupal de ésta última. El judaísmo nace del concepto de «pueblo escogido». Se dice que Dios ha escogido a los hijos de Abraham como el pueblo al que protegerá y que deberá honrarle.

Ello ya crea un lazo con el mundo terrenal que el budismo niega de raíz. Además, la pertenencia al judaísmo es de por vida, aunque se reniegue de la religión. Cualquiera nacido de madre judía pertenece para siempre a este grupo. Si decide abandonar el culto, no puede cortar su nexo de unión con el grupo. De todas formas, no se trata de un grupo cerrado. Cualquiera que quiera ser aceptado y cumpla los preceptos mandados, pasa a formar parte de la comunidad.

Los estudiosos del judaísmo tienen problemas para calificar esta religión por su factor grupal. Los judíos se han diseminado por todo el mundo y aún así no han perdido su identidad. ¿En qué consiste ser judío? Ésa es la pregunta que más discusiones crea. No es sólo profesar su culto, puesto que puedes no hacerlo y sigues siendo judío. Algunos aventuran que es una etnia, pero tampoco se puede considerar propiamente así. Por tanto, ésta es una cuestión que sigue abierta.

Estas idiosincrasias son impensables en el seno del budismo. Esta religión es completamente abierta. Cualquier persona puede entrar y salir de ella sin que esa decisión suponga ningún problema.

El rasgo más significativo del judaísmo es el concepto grupal. El budismo, aunque niegue la individualidad, se niega a aceptar la pertenencia a cualquier grupo. Eso supone

El judaísmo y el budismo son dos religiones muy antiguas que sentaron sus bases en concepciones del mundo completamente diferentes. Evolucionaron como dos caminos paralelos condenados a no tocarse nunca. Por ello, muchos creen que son las dos religiones más opuestas que se pueden encontrar.

establecer vínculos con los sentimientos que conducen a la infelicidad. Por lo tanto, cada cual toma sus propias decisiones y avanza en la dirección que cree la correcta. No es necesaria la pertenencia a ningún grupo. De hecho, ésta puede ser interpretada como una fuente de sufrimiento. De este modo las dos religiones están separadas por un abismo. Una se basa en el entramado social que desarrolla y la otra en los logros personales de cada cual que nunca están sujetos a un grupo.

Sin embargo, los preceptos del judaísmo, es decir los mandamientos de Moisés, son semejantes a los del budismo. Buscan una buena conducta que no haga mal a nadie y que conduzca a la serenidad del espíritu. Ése es uno de los pocos puntos en común que se puede encontrar entre ambas creencias.

Es muy difícil que dos personas educadas en estos dos credos lleguen a cambiarlos. El sistema de pensamiento es muy diferente. Un judío se sentiría completamente desarraigado dentro del budismo. Y un budista se sentiría constreñido en las creencias judías.

Sin embargo, también existen algunas ramas que tienen puntos en común. Los cabalistas judíos, por ejemplo, se acercan a algunos conceptos budistas como el de la reencarnación. Algunas interpretaciones que hacen del Torá (la Biblia Hebrea, que se compone de los cinco primeros capítulos del Antiguo Testamento cristiano) son ciertamente cercanos. De hecho se cree que los cabalistas estudiaron diferentes religiones y aplicaron los conceptos que les parecieron más interesantes de cada una de ellas. La mayoría de los estudiosos coincide en que su principal fuente de información fueron las prédicas de Buda.

COMPARATIVA CON EL CRISTIANISMO

El cristianismo nace en el seno del judaísmo, pero supone una renovación de muchos de sus valores. En el Torá ya se hablaba de la llegada del Mesías y muchos son los que creyeron que era Jesús. De hecho, es la religión mayoritaria, con un 20 por ciento de la población mundial profesando esta fe.

El cristianismo se acerca al budismo en algunos puntos. La misericordia que predicó Jesucristo se parece mucho al concepto que de esta virtud tiene el budismo. Ambas religiones se basan en ayudar al prójimo y en ser bueno.

La historia de Buda y de Jesús también presenta nexos de unión. Ambos nacen en el seno de una gran religión (Buda en el hinduismo y Jesús en el judaísmo). No reniegan de la tradición pero aportan matices renovadores. En ambos casos, los primeros seguidores pertenecen al credo original, es decir al hinduismo y al judaísmo respectivamente. Los ven como hombres santos que siguen la tradición en la que se han criado. Pero con el tiempo, también en el seno de esas religiones surgen sus principales detractores que quieren que se respete el culto y que no se altere en lo más mínimo.

Tanto Buda como Jesús son renovadores que no renuncian a su religión originaria. No pretenden, en un principio, causar un cisma, sino hacer que ésta evolucione. Pero ninguno de los dos lo consigue. Sus prédicas son el embrión de un nuevo credo que acabará separándose definitivamente del anterior.

Por otra parte, ambos democratizan la religión. En sus prédicas contemplan a los más pobres y a los que no tienen ningún tipo de formación. Este punto es muy importante y supuso una auténtica revolución en ambos casos. En los tiempos en los que vivieron, la religión premiaba a los ricos y poderosos. Las clases bajas no podían encontrar consuelo ni siquiera en la fe, que en cierto modo les era negada. Y en cualquiera de los casos, como mucho podían participar de forma secundaria, nunca podían acceder a la jerarquía monástica. La pobreza en aquel tiempo era mal vista. Sin embargo, estos dos líderes espirituales se centran en los menos favorecidos puesto que éstos son los que más ayuda necesitan.

En ambas religiones hacer el bien es la máxima aspiración que debe tener cualquier devoto. En ambos credos se entienden que si alguien que no procese su fe hace buenas acciones tiene el mismo valor que seguir a rajatabla la doctrina que ellos predican.

Los budistas reconocen la figura de Cristo. De hecho, lo consideran, en sus escritos apócrifos un Buda, un ser que alcanzó la iluminación y que aportó sus conocimientos a sus semejantes. De hecho, en esta religión se cree que hubo muchos otros Budas pero hay muy poca información sobre ellos. En el caso de Jesucristo, en cambio, son bastante explícitos. Pese a estos puntos de unión, también hay algunas desavenencias importantes. Jesús es el hijo de Dios, de un dios único. Esto es inconcebible para los budistas ya que un Buda no es nunca una divinidad. Es un ser evolucionado pero no una deidad.

En el cristianismo también se considera que Dios es el creador del mundo y el que al final juzga los pecados de cada uno. Esto es también impensable dentro del cuerpo de creencias budistas. No existe, como ya se ha explicado, el concepto de pecado y aún menos de castigo.

La diferencia principal entre el budismo y el cristianismo radica en el concepto de dolor. Jesús muere martirizado para salvar a la humanidad. Ésta es una idea completamente extraña para cualquier budista. El dolor no puede en ningún caso conducir a ningún tipo de salvación. El objetivo de la religión es eludir el sufrimiento y por lo tanto para ellos carece de sentido que el mayor líder espiritual de una fe acabe siendo torturado para expiar los pecados. Buda murió plácidamente con ochenta años después de haberse pasado la vida enseñando a sus seguidores lo que había recibido a través de la iluminación. Por tanto, las trayectorias de ambos fundadores resultan diametralmente opuestas así como el ejemplo que se sustrae de sus vidas.

La moral judeo-cristiana que se basa en el sacrificio y en la renuncia del placer es muy lejana a los seguidores de Buda. De hecho, muchos budistas se quedan impresionados cuando entran en una iglesia católica. No entienden el culto a imágenes que sufren, que lloran, que mueren… Todo ello les resulta terriblemente pesimista. Su icono es un Buda sonriente y su finalidad es dejar de padecer. Esta es la diferencia principal entre ambas religiones.

Existen algunas teorías que mantienen que la figura de Cristo fue creada como una adaptación de la de Buda. Los defensores de estas hipótesis consideran que en la biografía de Jesús se introdujeron datos que habían sido extraídos de la del fundador del budismo. Existen algunas suposiciones que van más allá y que consideran que Buda y Jesús eran la misma persona. Una divinidad que sobrevivió durante siglos cambiando de país y de época para hacer llegar sus prédicas al mayor número de gente posible.

Otro punto que también separa a estas sendas doctrinas es el concepto de herejía. Los budistas no tienen creencias intocables. Cualquiera puede acercarse a ellas, interpretarlas libremente, adaptarlas a su situación.

En cambio, dentro del cristianismo esto sería considerado una herejía. Hay una interpretación única de la Biblia y un solo camino a seguir. En cambio, el budismo acepta cualquier modalidad, cualquier camino que uno mismo se marque y le lleve a alcanzar sus objetivos. Siempre y cuando, por supuesto, no se haga daño a nadie.

COMPARATIVA CON EL ISLAM

Los musulmanes consideran que las tres grandes religiones (judaísmo, cristianismo e islamismo) son en verdad una sola que ha ido evolucionando a través del tiempo y que ha dado como resultado el Islam. Cada una tuvo su función en una época concreta, pero le faltaron pequeños detalles que le permitiera adaptarse a los tiempos que corrían. En este sentido los musulmanes creen que su religión es la más elaborada de las tres, puesto que parte de la misma base y la mejora.

Los islamistas aceptan que el resto de creyentes pueda alcanzar también la salvación aunque no profese su credo. Si siguen las enseñanzas que aparecen en sus libros sagrados también podrán conseguir llegar al paraíso después de la muerte.

El Corán no es lo mismo que la Biblia, pero en él se relata la misma historia de la creación y de Dios. Tanto judíos, como cristianos, como musulmanes comparten la misma concepción del mundo. Sin embargo, cada uno tiene particularidades que le separan del resto de las religiones.

El Islam reconoce la figura de Jesucristo pero no admite su carácter divino. Jesús fue un gran profeta, pero uno más en la innumerable lista. El principal, para los musulmanes, fue sin duda Mahoma. Él al igual que Buda no es de origen divino. En este punto las dos religiones coinciden. Tienen un líder espiritual que es hombre y que ha accedido a un conocimiento superior que ha de trasmitir. Sin embargo, el método por el que ha llegado a la Verdad es diferente. Mahoma tiene contacto con Dios, mientras que Buda simplemente ha buscado las respuestas en su interior para alcanzar la iluminación.

En la religión islámica también aparece el concepto grupal, que tan extraño se les hace a los budistas. Se ha de tener en cuenta que Mahoma consiguió un hito: unió a todas las tribus nómadas de Arabia bajo una única fe. De esa forma, cohesionó un grupo que era disperso. El sentimiento de unidad es muy fuerte, por lo tanto, entre los practicantes de esta religión.

Al igual que los judíos tienden a unirse y a ayudarse entre sí. También socialmente está mal visto casarse con alguien que pertenezca a otra religión. De todas formas, la puerta está abierta para que todos aquéllos que no hayan nacido bajo las enseñanzas de Mahoma puedan ingresar en el Islam. Como ya se ha explicado en el apartado del judaísmo, esto es absolutamente impensable dentro del budismo.

El Islam y el budismo han tenido gran proximidad física durante muchos siglos. Sin embargo, nunca ha sido posible compatibilizar ambos cultos, como ha ocurrido con otras religiones. La India, que fue la cuna del budismo, acabó barriendo a esta religión por influencia del Islam. En la actualidad, en este país el culto al budismo es ciertamente minoritario.

Como punto coincidente encontramos la libre interpretación de las escrituras sagradas. A diferencia del judaísmo y del cristianismo, cualquiera puede interpretar los documentos santos de esta religión. Ello ha originado la aparición de infinidad de sectas que pertenecen al Islam y que en muchos casos están enfrentadas entre ellas. Cualquier fiel puede tomar la palabra de Alá y interpretarla como quiera.

Eso es muy parecido al budismo, en el que cualquier seguidor puede tomar el camino que prefiera para acercarse a la iluminación.

La reencarnación vuelve a ser de nuevo una idea que no tiene cabida dentro del Islam. Sus seguidores no pueden comprender que el alma vuelva a ocupar otro cuerpo. Una vez el cuerpo fenece, el espíritu tiene que dar cuenta de sus logros y de sus pecados.

El Islam también se diferencia del budismo así como del resto de las religiones en su prohibición de representar la figura humana y aún más la divinidad. Los musulmanes no pueden tener en sus mezquitas ningún dibujo humano o animal. Por ello las decoran con mosaicos geométricos o con representaciones de plantas. En cambio, el budismo tiene imágenes, ya sean del propio Buda, de otras deidades o telares que inspiran para la meditación.

COMPARATIVA CON EL HINDUISMO

Los puntos en común entre el hinduismo y el budismo son muchos, puesto que nació en el seno de esta religión. Ocurre algo comparable al judaísmo, el cristianismo y el Islam, tres doctrinas que comparten la misma base. Sin embargo, en el caso del budismo es posible que las diferencias con el hinduismo sean aún más profundas que las que separan las religiones anteriormente mencionadas.

El hinduismo parece difícil de comprender desde el punto de vista occidental. Para empezar se considera una religión politeísta aunque ciertamente no es así. El panteón hindú cuenta con 330 millones de divinidades. Sin embargo, todos esos dioses son, en el fondo, uno solo. Son sus manifestaciones que pueden ser múltiples, puesto que el concepto de dios es infinito.

Aquí encontramos un punto que Buda perfeccionó. Muchos estudiosos consideran que esa idea de dios se acerca al cosmos. Es lógico que a partir de ahí Buda llegara a la conclusión de que en verdad no existían los dioses sino que había un orden cósmico que mediante el *karma* y el *samsara* regulaba la vida.

El hinduismo no adora a los ídolos sino que alienta a sus seguidores a descubrir a dios a partir de ellos. Los dioses sirven para ayudar al hombre a meditar sobre dios, a alcanzar la verdad. Una vez lo consigue, dejan de ser útiles. Aquí volvemos a encontrar un punto de unión con el budismo, que cree que los dioses pueden ayudar a trascender a un estado de conciencia superior. Sin embargo, la diferencia fundamental es que los hinduistas siguen creyendo en un Ser Supremo y los budistas no.

El concepto de Dios para los hinduistas y de orden cósmico para los budistas es bastante parecido. Pero un hindú nunca aceptará la inexistencia de sus divinidades ni la posibilidad de que éstas nazcan y mueran.

El punto de unión entre hinduistas y budistas es sin duda la reencarnación. Existen diferencias en la forma en la que se entiende, pero el proceso básico es el mismo. Dependiendo de lo que haya hecho un hombre en la anterior vida tendrá una mejor o peor reencarnación. El hinduismo emplea este concepto para crear un orden social. Si uno ha sido bueno se reencarnará como miembro de una casta superior. En cambio si su comportamiento no ha sido el adecuado le tocará vivir en una clase desfavorecida. De esta forma se ataja cualquier conato de protesta social. No es el orden terrenal el que marca las diferencias entre ricos y pobres, privilegiados y desfavorecidos, sino las acciones de uno.

Buda no cree que esto sea así. Lo más revolucionario de su credo es que predicó entre los intocables, la casta más baja y la que se suponía que arrastraba el *karma* más negativo. Buda también cree que las acciones de otra vida repercuten en ésta, pero al no creer en el apego material la situación social poco tendrá que ver con lo que se haya hecho en otras existencias.

De esta forma se revela contra el régimen establecido. La sociedad hindú, articulada de este modo, conseguía aunar religión y sociedad en un sistema inmovilista. Buda justamente predica lo contrario. Cualquiera puede crecer espiritualmente, sea cual sea su origen y sus vidas pasadas. Es normal por lo tanto que Buda ya en vida y sus seguidores después de su muerte fueran perseguidos en algunas zonas de la India.

Otro punto importante de separación es el sentimiento que provoca el *samsara*. La rueda de reencarnaciones es para los hindúes un martirio al que están condenados por sus malas acciones. Es una pena que han de padecer sin poder hacer nada por evitar el dolor que produce. La visión budista es diferente. Si bien parte de la base de que la vida es sufrimiento, no lo aborda de la misma manera. Un budista puede, en vida, sustraerse al dolor que le provoca su naturaleza humana. Ha de encontrar formas, mediante la meditación, de observar el dolor sin que éste le pueda afectar. Como ya se ha comentado, el budismo es una religión optimista. Busca la felicidad y no acepta el sufrimiento como algo impuesto que no se puede rehuir jamás.

Por último, ambas religiones se separan en el significado del *nirvana*. Para el hinduismo es el momento en el que el alma individual se une al ser supremo, al dios creador del universo. Sin embargo, como ya hemos visto, los budistas no pueden aceptar esto puesto que no creen que el alma sea una entidad individualizada. El *nirvana* para ellos es el momento en que uno toma conciencia de que no tiene identidad y se autoextingue. El concepto, *grosso modo*, es muy similar, sin embargo, los matices marcan una diferencia considerable.

A grandes rasgos, el budismo es una religión mucho más democrática y piadosa que el hinduismo. Todas las religiones extremadamente antiguas (hinduismo y judaísmo) suelen

> Buda nunca quiso renegar del hinduismo, quería renovar algunos de sus conceptos. De hecho, son muchos los que consideran que Buda no tenía la intención de crear una religión. Simplemente pretendía crear un sistema de vida que hiciera felices a aquéllos que decidieran seguirlo.

tener unos principios mucho más férreos que las que salieron posteriormente.

COMPARATIVA CON EL TAOÍSMO

Esta religión es una de las más complicadas de entender desde una perspectiva occidental. Lao Tse es el creador de esta doctrina que tuvo mucha relevancia en su momento pero que ahora casi se ha extinguido.

El fundador recopiló su conocimiento a instancias de sus seguidores en el libro *Tao-te-king* (Libro del principio y de la virtud). Allí intentó explicar un concepto del mundo que era muy difícil de entender en aquella época. Este documento viene a ser la Biblia de los taoístas y con el tiempo sus citas han alcanzado gran fama y han circulado por todo el mundo.

La idea más popular y conocida del taoísmo es la del *Yin* y el *Yang*. Éstas son las dos fuerzas opuestas que se hayan en todo lo que hacemos. La negativa y la positiva. Pero el objetivo final sería acceder al *Tao,* que es la fuerza conciliadora que contiene a ambas. En todo lo que hacemos en el fondo estamos entrando en el terreno justamente de lo opuesto. Cualquier acción tiene la semilla de justamente lo contrario. Y por lo tanto, la gran revelación es que al final todo es lo mismo. Esa percepción es posible cuando uno alcanza la comprensión del *Tao.*

El concepto de *Yin* y *Yang* podría servir para entender la relación entre el sufrimiento y la felicidad que establece Buda. De hecho, son términos indisolubles, que sólo tienen sentido en contraposición. No hay sufrimiento sin felicidad ni felicidad sin sufrimiento. Buda cree que uno tiene que romper esta cadena y acceder a otro tipo de felicidad que sea perdurable y que no se defina como lo contrario al dolor. En cierta forma, este concepto sería parecido al de la fuerza *Tao,* que es superior a ambas.

Para acceder al *Tao* uno ha de dejar la tensiones terrenales, ha de abstraerse de ellas y llegar a un estado superior en el que pueda conectar con esa fuerza que es el origen y el final de todo. Volvemos a una visión de la religión que tiene muchos puntos de conexión con el budismo.

El camino de la rectitud pasa también por la meditación. Las tres virtudes principales del taoísmo son: paz, tranquilidad y silencio. Por lo tanto, también estamos ante otro punto semejante. Sin embargo, en la meditación budista, el silencio no es indispensable y se pueden emplear *mantras*. Las ceremonias budistas son, en general, un poco más ruidosas que las taoístas.

El *Tao* es también un estado de conciencia superior, en el que se podrá ver el mundo y comprenderlo en su totalidad. Se parece mucho al concepto de sabiduría trascendental que encontramos en el budismo. Es casi imposible hablar de la Iluminación y ocurre lo mismo con el *Tao*. De hecho, Lao Tse no quería ponerle nombre ni proporcionar demasiados detalles, porque pensaba que no habían palabras que pudieran definir correctamente el sentimiento que provocaba. Se trataba de algo tan místico que no era posible describir de ninguna forma. Sin embargo, al ver que era muy difícil hacer entender a sus seguidores ese concepto, le puso nombre. *Tao* significa algo así como camino hacia la rectitud.

El *Tao* es la totalidad y por lo tanto quien lo alcanza puede conocer el mundo entero sin salir de su casa. Puede ver el cielo sin asomarse a la ventana. En cierta forma, uno tiene dentro de sí la llave del conocimiento universal y sólo ha de aprender a emplearla. No hace falta que compruebe las cosas, que se deje guiar por los sentidos que en muchos casos son engañosos. El verdadero conocimiento y la verdadera sabiduría es interior. En el budismo ocurre lo mismo. Cuanto más se conoce uno a sí mismo a través de la meditación más cerca está de alcanzar la verdad y de librarse para siempre de la ignorancia.

El taoísmo y el budismo exhortan a sus seguidores a no participar activamente en la vida y a buscar valores superiores dentro de ellos mismos. Sin embargo, en el caso del taoísmo esta aseveración es aún más extrema. Se tiende, en cierta forma, a la apatía, cosa que como ya se ha explicado en este libro el budismo rehuye. Sin embargo, el razonamiento es el mismo: para encontrar el camino interior uno ha de sentir desapego del mundo terrenal y ha de concentrarse en las experiencias que vive en solitario durante la meditación.

En el taoísmo también encontramos otro concepto interesante: el no-ser, que se acerca bastante al budismo. Si se alcanza el *Tao*, se llega al camino del no-ser, en el cual lo concreto se funde con el Uno. Esto es bastante semejante a la idea de que cuando se alcanza la Iluminación se entiende que la personalidad está dictada por las convenciones sociales y entonces uno consigue trascender. Según Lao Tse, mediante la práctica espiritual, la perseverancia, el recogimiento y el silencio se llega a un estado de relajación que debe ser tan sereno que posibilita la contemplación del Ser interior, el alma, y así se logra ver lo invisible, escuchar lo inaudible, sentir lo inalcanzable.

En este contexto, la muerte carece de importancia. Todos los seres crecen, se elevan y luego vuelven a sus raíces. Vivir y morir es sólo entrar y salir. En el fondo son dos procesos idénticos que se aúnan en el *Tao*. El budismo, sin embargo, va un poco más allá y explica el proceso que ocurre después de la muerte y la evolución que puede conseguir cada alma tras muchas existencias. Por ello, la idea de la muerte les separa aunque ambas doctrinas coinciden en que la muerte no es algo definitivo sino que se trata de un estado más.

De todas formas, seguramente el punto de unión más importante entre ambas doctrinas es la inexistencia de una divinidad que está por encima de todo y por la que el hombre se tenga que guiar. Tanto el budismo como el taoísmo exhortan a sus seguidores a que se responsabilicen de sus actos y a que no deleguen la responsabilidad en el Ser Supremo. Ambos credos confían más en el orden cósmico

Estatuilla clásica del Buda de la abundancia. La superstición afirma que estas figuras de Buda dan suerte a quien las posee cuando tras acariciarle la barriga se les pide un deseo.

que en la presencia divina. El Universo está regulado de una forma concreta y esas reglas se han de respetar porque son cósmicas, no porque haya un dios que obligue a hacerlo.

En la actualidad, los puntos en común entre budismo y taoísmo han creado una especie de híbrido: el budismo zen. De hecho el taoísmo ha desaparecido de muchos países donde se practicaba y que han abrazado el zen como una alternativa que les permitía conservar los aspectos básicos de su religión.

«Uno es todo. Uno es nada. Nada es todo». Ésta es una de las grandes verdades taoístas que resume su credo. Los contrarios acaban tocándose y en cada afirmación encontramos justamente la contraria. Por ello sólo es posible comprender la realidad cuando se ve desde la fuerza consolidadora: el Tao.

CIUDADES Y LUGARES SAGRADOS
DEL BUDISMO

Los lugares sagrados son los que se consideran como tal. Tanto ciudades como templos alrededor de los cuales se produce una corriente de peregrinaciones o de devoción o, incluso, fenómenos de la naturaleza como las montañas. Empezaremos analizando la importancia de estas últimas en la religión budista.

Las montañas son veneradas en todo el mundo como lugares misteriosos que tienen el poder de evocar un intenso sentimiento de lo sagrado.

Estos accidentes geográficos pueden ser considerados sagrados desde varios puntos de vista. En primer lugar, determinadas culturas o tradiciones religiosas consideran como sagradas ciertas colinas y cumbres, que quedan envueltas a raíz de eso en una serie de mitos, creencias y prácticas religiosas. En segundo lugar, pueden estar relacionadas con las actividades de personas o seres sagrados o albergar lugares sagrados, tales como templos y bosques. En tercer lugar, las montañas que no se consideran sagradas en un sentido tradicional pueden despertar un sentimiento de admiración y de respeto reverencial que las convierte en lugares imbuidos de valor cultural e inspirador a los ojos de determinadas personas.

Muchas culturas veneran las montañas porque son lugares elevados, y por eso encarnan nobles aspiraciones e ideales. El Everest, por ejemplo, al tratarse de la cumbre más alta de la tierra ha adquirido la condición de montaña sagrada incluso en el mundo moderno. Su cima simboliza para muchas personas la meta más alta que puede alcanzarse.

Un motivo muy extendido es el de la montaña como centro, ya sea del cosmos, del mundo o de una región. Una serie de montañas de Asia, como el monte Kailas en el Tíbet, la Región Autónoma (China) y el Gunung Agung en Bali (Indonesia) constituyen el modelo del mítico monte Meru o Sumeru, que representa un eje cósmico en torno al cual está organizado el universo en la cosmología hindú y budista.

Muchas montañas son veneradas como centros de poder. En la Biblia, Dios desciende al monte Sinaí envuelto en fuego y la divina presencia alcanza tal intensidad que sólo Moisés puede ascender a la montaña y vivir en ella. Para los griegos, el monte Olimpo era la fortaleza de Zeus, el rey de los dioses que destruía a sus enemigos con el fulgor del rayo.

Muchas tradiciones veneran cumbres como templos o lugares de culto. Para los budistas tibetanos el monte Kailas es la pagoda de Demchog, la felicidad suprema.

Otra manera de ver a las montañas es como un jardín y un paraíso, como un cielo en la tierra. Los monjes cristianos ortodoxos llaman a la península sagrada del monte Athos, en Grecia, el «Jardín de la Madre de Dios».

También se puede vincular a las montañas con el otro mundo como si se tratara de ancestros, a menudo relacionándolas o incluyéndolas en mitos sobre los orígenes, y como moradas de los muertos. En el monte Koya (Koyasan) se encuentra uno de los cementerios más impresionantes del Japón, situado en un bosque de cedros gigantes en torno al mausoleo de Kobo Daishi, el fundador del *shingon* o budismo esotérico.

Las ideas y creencias asociadas con los lugares sagrados de las montañas pueden ser utilizadas también para promover su conservación, restablecer el entorno dañado y reforzar las culturas indígenas.

Científicos indios han trabajado con sacerdotes hindúes en el gran centro de peregrinación de Badrinath, en la zona india del Himalaya, para inducir a los peregrinos a plantar árboles por motivos relacionados con sus tradiciones religiosas y culturales. Realizan ceremonias de plantación que permiten a la población enriquecer su experiencia en la peregrinación restaurando un antiguo bosque sagrado.

Las montañas Wenbi, al sudoeste de la región este del Tíbet, al igual que las montañas Jizu, son uno de los lugares sagrados del budismo tibetano al que los fieles de la región llegan cada año en peregrinaje. En sus alrededores se encuentran numerosas montañas de gran altura conocidas por los templos budistas o taoístas de gran antigüedad que albergan.

Además de los elementos citados, los seguidores del budismo cuentan con una serie de ciudades principales reconocidas como sagradas. Y es que la naturaleza humana ha llevado siempre a los habitantes del planeta a buscar consuelo e inspiración en la religión en un ente superior. Y este ente necesita, además de algún tipo de representación,

> Los templos budistas son una delicia para la vista. Son construcciones sencillas que están perfectamente estudiadas para invitar a la paz y al descanso.

de un lugar sagrado reconocible, tanto para ubicarlo en un contexto geográfico e histórico como para poder rendir culto al espacio y poder acudir a él en peregrinaje. Los símbolos de la religión son, como sabemos, particularmente importantes, y los espacios sagrados constituyen una más de estas representaciones que convierten las creencias en algo más factible que todos podemos ver, tocar y visitar si así lo deseamos.

Algunas de las ciudades que han contenido lugares sagrados o que lo han sido en ellas mismas contienen templos y espacios de culto que son joyas del arte y la arquitectura, objetos representativos de los avances técnicos y artísticos de su tiempo a los que acuden miles de visitantes por motivos no estrictamente religiosos. Y es que el hombre ha querido siempre esforzarse al máximo para representar y acoger a la divinidad, creando espacios de gran valor artístico e histórico así como ciudades que han servido de refugio, fortaleza, centro de comercio, de encuentros políticos y por supuesto de lugares de culto para las diferentes religiones, centros de iniciación religiosa o de culminación de esas mismas metas. Lugares donde apenas existe hueco para lo profano y que soportan el peregrinar constante de millones de fieles que buscan paz, consuelo y salvación. En lo que respecta al budismo, como ocurre con el resto de religiones orientales, los viajes a los lugares sagrados han abierto los ojos de millones de occidentales al rico legado cultural y espiritual de los países asiáticos. Ya se centren en las creencias del pasado remoto o en el indudable vigor del hinduismo y el budismo actuales, es sabido que los lugares sagrados, naturales o construidos por la mano del hombre, constituyen parajes donde las energías del cielo y la tierra confluyen de manera perfecta.

LA DEVOCIÓN BUDISTA

En Occidente, el budismo es considerado una religión en la que la contemplación asume un papel central. Esta visión puede oscurecer la importancia de la devoción popular en la historia de la tradición budista. Tenemos pruebas históricas de que, por ejemplo, visitar las *estupas* después de la muerte de Buda (urnas que contienen sus reliquias) era una manera de obtener mérito religioso.

Las ciudades sagradas del budismo tienen mucho que ver con el paso de su fundador por la Tierra. Todas ellas se edificaron en lugares de gran importancia dentro de la biografía budista.

Las peregrinaciones a los lugares sagrados por los que Buda pasó se han hecho populares con el transcurrir de los años. Los cuatro principales puntos del budismo son: Lumbini, donde Buda nació; Bodh Gaya, donde tuvo la iluminación que cambió su destino; Sarnath, donde dictó su primera enseñanza del *Dharma;* y, Kusinagara, donde murió.

EL PEREGRINAJE

Los practicantes del budismo saben que las enseñanzas de su líder espiritual están clasificadas en los denominados «Medios Hábiles» o *Thabs*. En ellos se recogen las propuestas metodológicas de Buda para alcanzar el mismo estado y nivel de experiencia despierto.

Las diversas prácticas del budismo pretenden en todos los casos reconocer el potencial total de la mente. De acuerdo con las enseñanzas de esta religión, el reconocimiento de las capacidades de nuestra mente es alcanzado cuando logramos eliminar los velos que la obstruyen, a la vez que cultivamos las impresiones positivas y una noción correcta de la realidad.

El término tibetano que define la actividad de la peregrinación es *Ne Kor*, que puede traducirse como «itinerar por lugares de poder». En el *dhamapadda*, texto clásico del canon budista, se define a un peregrino como alguien que ha abandonado las orientaciones confusas del mundo. Por tanto, el peregrino es alguien que, abandonando los Ocho Intereses Mundanos de los que hablábamos anteriormente, recorre esos «lugares de poder» con el anhelo de recibir beneficios duraderos. Al peregrino no le preocupan las dificultades, peligros o incomodidades que hallará por el camino, ya que logrará purificar *karma* negativo. Además, gracias a su viaje cultivará cualidades y recibirá grandes bendiciones.

El propio Buda pronuncia las siguientes palabras en el *Sutra* del Gran Nirvana *(Mahaparanirvana):*

> *«Una vez que abandone este mundo, todos los hijos e hijas de la Gran Familia (Mahayana), que tienen una gran confianza a lo largo de su vida, deben visitar los cuatro grandes lugares y recordar que es en Lumbini donde nació el Thatagata (Buda); es en Vajrasana (Bodhgaya) donde el Buda alcanzó la iluminación; es en Sarnita*

(Varanassi) donde giró la rueda de las enseñanzas; es en Kushingar donde pasó al nirvana final.»

«Una vez que abandone este mundo, habrá actividades tales como circunvalación y ofrenda a estos lugares. Por lo tanto, a aquellas personas que tengan confianza en mis acciones y sean inteligentes se les debe decir que renacerán en estados superiores de existencia.»

«Una vez que abandone este mundo, a los nuevos Bikshus, cuando asistan y pregunten sobre las enseñanzas, se les debe decir sobre estos cuatro lugares, que purificarán karma acumulado incluyendo las acciones de ilimitada consecuencia...»

A continuación haremos una pequeña descripción de estos cuatro lugares que todo budista debe visitar por lo menos una vez en la vida, para poder sentir la fuerza de la estela que dejó su Maestro. No hay que olvidar que fue el propio Buda quien dijo que el peregrinaje a los lugares sagrados genera por sí mismo una enorme cantidad de méritos.

LUMBINI

Es la única de las ciudades sagradas de la religión budista de Nepal. Fue construida en el año 650 a.C. y constituye el principal lugar de peregrinación para los adeptos a las creencias del budismo.

Lo más destacado de este enclave del sur del Nepal es la casa donde supuestamente vino al mundo en el año 543 antes de nuestra era Buda, conocido entonces como Sidarta Gautama, príncipe Sakya.

Haciendo un poco de geografía, Lumbini está situada a 21 km al oeste de la ciudad moderna de Bhairawa, antes conocida como Siddharthanagar. Es un lugar rodeado por bellos jardines. Constituye un punto fundamental de peregrinación tanto para los budistas como para los hindúes.

Dentro de la ciudad, el imponente pilar de Ashoka marca el lugar de nacimiento de Buda, y el templo Mayadevi contiene un panel que representa el milagroso acontecimiento. El mito relata cómo fue concebido Sidarta, entrando al útero materno en forma de elefante blanco. Cuando llegó el momento del parto, su madre Mayadevi, apoyada sobre una higuera, alumbró al príncipe por su costado derecho. Colocó al recién nacido dentro de una flor de loto, pero el niño se levantó y anduvo siete pasos hacia los cuatro puntos cardinales anunciando su gran destino. Al cabo de siete días Mayadevi murió (obsérvese la importancia en ambos casos del siete, número mágico para diversas religiones y creencias).

El templo original fue erigido por el emperador Ashoka y permaneció descuidado durante miles de años, hasta que en el siglo IV de nuestra era el monje chino Fa-Hien viajó a la India a la búsqueda de manuscritos budistas y retornó con descripciones gráficas de los restos que encontró. Por aquel entonces, estaba todo en ruinas y devorado por la jungla. Fa-Hien dejó escrita la siguiente descripción de lo que era aquel lugar: «En el camino, la gente tiene que protegerse contra los elefantes y los leones». El templo fue reconstruido en estilo shikhara (que se caracteriza por los templos de ladrillo o piedra de forma geométrica con un capitel en el centro). El edificio actual, sin embargo, data del siglo XIX. Habría que esperar siglos, concretamente hasta el año 1895, para que los arquitectos desenterraran el pilar inscripto erigido como conmemoración de la visita del emperador. Desde 1970 el lugar sagrado ha sido protegido por la Fundación de Desarrollo de Lumbini. Se han realizado excavaciones gracias a las cuales han sido encontradas cerámicas, figuras y monedas entre los antiguos cimientos de ladrillo del monasterio tibetano. Además se han plantado árboles y se está construyendo un museo, una biblioteca, un jardín y un hotel. Un vetusto árbol se alza junto al estanque sagrado, en el que el príncipe Sidarta recibió el primer baño después de su nacimiento.

También hay que tener en cuenta que los hindúes veneran asimismo a Mayadevi, su madre. La historia de Buda es bien conocida por todos los budistas. Unas excavaciones han puesto al descubierto restos de ladrillo de las puertas este y oeste del complejo palaciego en el que el príncipe Sidarta vivió con su padre, el rey Suddodhana. El museo del pueblo contiene vestigios que datan del siglo IV a.C. y del IV de nuestra era.

En el mes de abril, se celebra cada año en Lumbini con especial devoción la fiesta *Buda Jayanti,* que conmemora el nacimiento de Buda y hace que durante unos días la ciudad se convierta en un centro de peregrinación para nepalíes, tibetanos, indios y birmanos, entre otros pueblos budistas.

El festival, también conocido como *Buda Purnima,* se celebra coincidiendo con la luna llena del mes de abril, ya que se cree que Sidarta nació también bajo la luna llena del mes de Vaisakh. Durante los festejos, los seguidores del budismo visten únicamente ropas blancas y recolectan donativos para los monjes. Los rezos, sermones y recitados de oraciones budistas resuenan en los monasterios. La estatua de Buda recibe una atención especial y los devotos le ofrecen incienso, flores, velas y frutas, lo que hace de estas celebraciones un acontecimiento especialmente bello y colorista.

Buda nació en Nepal, pero el templo se estableció muchos años después, por lo que no se puede asegurar que su ubicación coincida con el lugar exacto en el que nació el maestro.

Los peregrinos reafirman su fe en los cinco sentidos conocidos como *Panch Sheel,* que consisten en no matar, no robar, no mentir, no tomar licores ni otros productos tóxicos y no cometer adulterio. Durante las celebraciones los budistas liberan pájaros de sus jaulas, distribuyen fruta y ropas a los enfermos y no comen carne.

En Lumbini, además, se celebra cada año, entre otros eventos (hay que recordar que es uno de los principales centros de peregrinación) el *Monlam Sakya,* que a principios de enero congrega a los más altos lamas y cerca de 3.000 monjes *tragpas* (una de las ramas del budismo).

BODH GAYA

Aunque Sidarta fue llevado como príncipe de Sakya en las colinas de Terai del Himalaya, el budismo como religión realmente fue creado en Bihar y desarrollado gracias al ejemplo que predicaba Buda con sus enseñanzas y con su forma de vida de gran simplicidad, renuncia y empatía para con todo su entorno.

A la edad de treinta y cinco años (en el año 531 antes de nuestra era), sentado bajo un árbol sagrado, Sidarta descubrió meditando que uno puede evadirse del sufrimiento. Fue consciente de que huyendo de los instintos vitales se puede escapar del ciclo de la trasmigración y alcanzar el *nirvana,* el fin del sufrimiento. El lugar donde se produjo esa iluminación fue la aldea de Bodh Gaya, que pasó entonces a convertirse en la Jerusalén del budismo.

Sidarta permaneció en el bosque durante cuarenta y nueve días más y entonces salió a predicar. Inició su ministerio docente con el famoso sermón de Benarés y siguió predicando a lo largo de cuarenta y cinco años, rodeado de numerosos discípulos. Bodh Gaya es, desde que el príncipe Sidarta tuvo la iluminación, el principal y más sagrado centro de peregrinaje para los fieles del budismo, y es visitado cada año por miles de peregrinos y viajeros procedentes de todos los rincones del mundo.

El principal monumento de Bodh Gaya es el templo Mahabodhi, de 52 metros de altura y construido en arenisca. A un lado del templo se encuentra el trono de la victoria o trono invencible *(aparajita-pallanka),* el lugar debajo del árbol Bodhi donde el Buda alcanzó la Iluminación. Alrededor del templo principal se encuentran identificados los distintos lugares donde el Maestro pasó cada una de las siete semanas después de la Iluminación.

CONJUNTO DEL TEMPLO MAHABODHI

Este conjunto monumental está situado al nordeste de la India, en el Estado de Bihar. El emperador Asoka erigió en este lugar un primer templo en el siglo III a.C. Aunque algunas de sus balaustradas se remontan a esta época de Asoka, el templo actual data de los siglos V o VI de nuestra era y está situado en el centro de Bodhgaya, rodeado por otros sitios sagrados. Está considerado como uno de los templos más antiguos que hayan quedado en pie en la India, y actualmente lo visitan cada año unos 400.000 peregrinos y turistas, de los cuales un 70 por ciento son oriundos de la India.

En Mahabodhi, una imagen dorada de Buda se sienta en reposo. El «enjoyado santuario de la marcha» señala las huellas de Buda. Al oeste se yergue el árbol sagrado Bodhi. Y al sur está el tranquilo estanque de lotos donde se bañó el Maestro. El templo es una amalgama arquitectónica de muchas culturas y de muchas herencias que vinieron rendir su particular homenaje a Buda. Gracias a su belleza, espectacularidad y valor, tanto histórico como artístico, fue declarado en julio de 2002 Patrimonio de la Humanidad por la Unesco.

Respecto al árbol donde Sidarta recibió la Iluminación, es hoy en día una pequeña planta de ramas tan viejas que necesitan sostenerse mediante barras de hierro. Se trata del árbol más viejo del mundo. Este hecho está históricamente fundamentado, ya que se ha comprobado que tiene más de 2.200 años. Se denomina árbol Bo y es una especie de ficus religiosa. Su esqueje fue llevado a Sri Lanka en el siglo III a.C. por la princesa Sanghamitta, hermana de S. Mahinda. Durante muchos siglos este árbol no recibió la atención debida. No fue hasta principios del siglo XIX, durante el reinado del soberano Sri Vikram Rajasingha, encarcelado más tarde por los británicos, cuando se construyó la actual plataforma. En 1966 se levantó en torno al árbol una cerca chapada en oro.

SARNATH

La primera enseñanza formal que Buda dio después de alcanzar la iluminación bajo el árbol Bodhi fue dada en el Parque del Venado en Isipatana (la actual Sarnath, en la India). Otorgó esas enseñanzas a los cinco meditadores que le habían seguido durante sus seis años de prácticas ascéticas, pero que le abandonaron cuando Buda dejó su estricta disciplina de auto-mortificación. Sobre este hecho existen diversas versiones, pero la creencia común es que aunque los ascetas habían perdido la fe, cuando Buda fue a Sarnath a encontrarlos sintieron el impulso de levantarse y rendirle homenaje. Estos cinco ascetas fueron los primeros convertidos al budismo y formaron el primer *Sangha* para propagar las enseñanzas del Maestro por todo el mundo.

A una distancia de cerca de diez kilómetros de Varanasi se encuentra este lugar donde Buda predicó su primer sermón después de la Iluminación o, en el lenguaje de los budistas, «arrancó la rueda de drama o ley». Cada budista intenta visitar Sarnath al menos una vez durante el curso de su vida.

Además, hoy en día esta ciudad está considerada como uno de los lugares más ricos que poseen objetos clásicos desde el período de Ashoka hasta el siglo XII. El emperador Ashoka visitó Sarnath en 234 a.C. y erigió una *estupa* que es hoy en día objeto de admiración por parte de seguidores del budismo y visitantes de la zona.

Hay un número de templos budistas del vigésimo siglo en Sarnath construidos y mantenidos por los monjes de Tíbet, China y Japón, pero la atracción principal es el *Parque de los Ciervos* con sus ruinas de varios monumentos. Pero sobre todos ellos destaca el *Dharmekha Stupa*, situado dentro del *Parque de los Ciervos*, una torre cilíndrica que se levanta sobre cientos de pies expuestos en la tapa, con la parte superior y el interior integrados por el ladrillo de Mauryan y la sección baja externa con las piedras grandes adornadas con las cinco relevaciones de Gupta del siglo. A su alrededor se mantienen las ruinas de un monasterio en todas las direcciones. La capilla principal (*vihara*), llamada el *Mulagandakuti*, que data del siglo VI, es la choza donde Buda permaneció durante sus visitas a Saranath. Hay un pasamano tallado de la piedra arenisca y una representación de los pasos que dio Buda hecha con piedras azules. También se ha construido un lago pequeño en el borde del parque confinado por el parque zoológico.

El festival anual que se celebra en la ciudad de Saranath es el *Buda Purnima*, que conmemora el nacimiento de Buda. Sus festejos incluyen una feria y la colorida procesión de sus reliquias, y tiene lugar durante la luna llena de mayo/junio.

KUSINAGARA

La ciudad de Kusinagara, en la India, conocida hoy con el nombre de Kasia y situada al noreste de Benarés, es la cuarta ciudad sagrada del budismo y el último punto obligado en la peregrinación de los fieles de esta religión. En esta ciudad falleció Buda cuando contaba alrededor de ochenta años; la fecha se considera que fue entre el 410 y el 400 a.C. Un importante texto conocido como *El discurso del Gran Cese (Mahaparinirvana-sutra)* enseña los sucesos acaecidos previamente y durante el paso de Buda al definitivo *Nirvana*. Esto ocurrió en un pequeño pueblo llamado Kusinagara mientras descansaba sobre su lado derecho y entre dos árboles de sándalo.

Según la leyenda, su primo Dervadatta intentó matarlo ocho años antes de su muerte, y también se dice a menudo que murió envenenado por un discípulo laico. Sin embargo, *El discurso del Gran Cese* muestra cómo se recuperó de ello para fallecer posteriormente. Antes de esto, les dio a sus discípulos una serie de últimas instrucciones, así como la misión de preservar la orden monástica. Frases como «sed vuestras propias lámparas» o «todas las cosas están destinadas a perecer» aparecen en este relato, en donde finalmente, sereno y tranquilo, el Buda recostado sobre su lado derecho atravesaría los siete niveles de la meditación antes de alcanzar el definitivo *Nirvana.*

Concretamente, las escrituras narran que Buda, al sentirse cerca de la muerte, se retiró a un bosquecillo cercano a la ciudad de Kusinagara rodeado de sus discípulos. Allí se tumbó entonces sobre su costado derecho con la cabeza hacia el norte y les dijo las últimas palabras: «No penséis que quedáis sin maestro. Mis enseñanzas y preceptos serán vuestra guía. Y vuestra conciencia, la lámpara que os ilumine. Confiad en la Ley. La ruina y la descomposición son inherentes a todas las cosas de este mundo. Buscad vuestra salvación sin demora».

El cuerpo del Maestro fue recibido por los Mallas de la ciudad e incinerado siete días después. Las cenizas se repartieron entre el rey de Magadha, los licchavis de Vaishali, los shakyas de Kapilavastu y otros. Se construyeron diez urnas funerarias con los restos que fueron colocadas en capillas por distintos sitios de la India.

Benarés es conocida como la ciudad de la muerte. Allí van gentes de todos los rincones a morir. Pese a que se ha integrado dentro de los circuitos occidentales, muchos consideran que se ha de estar muy preparado para visitarlos. El choque entre el concepto de muerte occidental y oriental es tremendo en esta ciudad.

OTRAS CIUDADES Y LUGARES SAGRADOS

Además de las ciudades que hemos citado, que constituyen los principales centros de peregrinación, los seguidores del budismo cuentan con otra serie de lugares sagrados que visitan en masa (hay que tener en cuenta la gran cantidad de adeptos con que cuenta esta religión).

La ciudad de Nara, que es la primera metrópolis fija del Japón, fue construida en el año 710, y los templos budistas que se edificaron en su época de florecimiento, como el Todaiji, son un testimonio artístico de la rama del budismo conocida como *mahayana*. Los templos budistas se mantienen como centros religiosos incluso cuando, a finales del siglo VIII, la capital se traslada a Kyoto y, muchos años más tarde, en el siglo XIX, a Edo (conocida posteriormente como Tokyo).

El *Daibutsu*, también llamado «Gran Buda» de Nara hace honor a su nombre al tratarse de la mayor estatua de bronce del mundo. Para su realización se fundieron 437 toneladas de bronce y 139 kilos de oro puro. Las estatuas del Maestro deben tener un mínimo de 4,8 metros de altura, puesto que la leyenda cuenta que ésa era la altura de Buda (lo que supone casi el triple de la de un hombre normal). Volviendo al *Daibutsu,* detrás de la estatua aparece una talla en madera dorada donde están representadas 16 encarnaciones de Buda. Sin embargo, no se trata del Buda Gautama, sino de un Buda supraterrenal. Ello se debe al conocido como segundo «giro de rueda de la doctrina». En el tercer concilio budista, convocado por el emperador Asoka en el año 250 a.C., se discutió sobre si el Buda era por naturaleza un ser humano o trascendente. En la India se había impuesto la idea de que era imposible que la tan profunda doctrina de la superación del sufrimiento hubiera sido inventada por un espíritu humano: su origen estaba en un ser supraterrenal que se había encarnado en el Buda Gautama. El budismo tuvo un desarrollo similar al del cristianismo en el sentido de que la visión terrenal del Ser Supremo fue siendo sustituida por una visión celestial del mismo.

Otra ciudad fundamental es Bagan (antigua Pagan, situada en Birmania), una de las más interesantes de Myanmar, con más de 2.000 pagodas dispersas por la selva. Es una ciudad fantasma que no ha vuelto a renacer desde que en 1287 Kublai Khan la arrasara.

La gran joya de Bagan es el gran templo de Ananda, con cuatro figuras de Buda y las dos huellas sagradas de los pies de

Buda. También la pagoda Gawdawpalin, desde la que se puede disfrutar de hermosos atardeceres. Otra visita imprescindible dentro de la ruta budista es Mandalay, la última capital birmana antes de la colonización británica y actual capital religiosa del país. En ella vivió el rey Mindon, que ordenó a sus súbditos, en 1857, que cincelaran las escrituras enteras de *Tiputaka* en 729 tablas de piedra. Este peculiar «libro» todavía sirve de referencia a los jóvenes monjes budistas de la ciudad.

VARANASI

Otra de las ciudades importantes del budismo, además de tratarse de una de las ciudades más antiguas en el mundo, llamada «La Iluminada» o la «Ciudad de la Luz». La Luz en la filosofía es fundamental porque ejemplifica la sabiduría que destruye la oscuridad de la ignorancia. Varanasi, en la India, es lugar de peregrinaje y un centro idealizado de fe, ha sido comparada en importancia a Jerusalén y La Meca y de acuerdo con los historiadores fue fundada diez siglos antes del nacimiento de Cristo. El famoso escritor Mark Twain dijo en una ocasión: «Varanasi es más antigua que la historia, más antigua que la tradición, más antigua que la leyenda y se ve dos veces más antigua que todas las cosas anteriores». La vida en esta ciudad a orillas del río Ganges comienza antes del amanecer, cuando miles de peregrinos, hombres, mujeres y niños se acercan hasta el río para esperar la salida del sol. Entonces, y gracias a que se bañan en el río sagrado, creen que éste los limpiará de todos sus sufrimientos y lavará todos sus pecados.

> Pese a que Buda vivió y predicó sobre todo en la India, en esta ciudad apenas tiene seguidores. Los edificios santos principales se siguen encontrando ahí, pero el culto se practica en otras partes. Por ello, los templos del sudeste asiático han adquirido tanta importancia.

También resulta interesante conocer que parte del ritual budista consiste en caminar por los lugares sagrados solamente en el sentido horario, moviéndose alrededor de Buda como los planetas alrededor del sol. Los lugares sagrados son aquellos que se relacionan con la vida del Buda, y además de los citados hay otro situado en el Tíbet, cerca de la ciudad de Lhasa. Entre sus espacios más visitados se encuentran los templos, monasterios y palacios del Dalai Lama. El Templo Jokhang es uno de los lugares más importantes y sagrados para los tibetanos.